THE SHEE␣␣␣␣␣␣LRS

Storie di emigrazione italiana
in Scozia

di Antonino De Cesare

Troon, Scozia - 2015

PREFAZIONE

The Sheepshaggers è un romanzo che racconta una stagione dell'emigrazione italiana in Gran Bretagna, con autenticità e quasi con crudezza. Da Picinisco, nel cuore dell'Appennino centrale, negli anni Cinquanta, partono per la Scozia tre giovani pastori, attirati dal miraggio di un facile arricchimento e dal desiderio di rivalsa nei confronti di mondo arcaico, che non offre grandi opportunità. Già dal titolo si intuisce il loro comportamento nella nuova terra. Il titolo, volutamente lasciato nell'originale inglese perché ai limiti della traducibilità, ha una doppia valenza significativa. E' chiaramente spregiativo, in riferimento sia all'origine dei rozzi montanari che al loro comportamento successivo, irrispettoso dei "pecoroni" scozzesi, in mezzo ai quali gli astuti emigrati della Val Comino vivono, disprezzandoli ed imbrogliandoli.

I tre paesani sentono urgente il bisogno di arricchirsi e si impadroniscono di un settore, quello della ristorazione, al quale affiancano la vendita all'ingrosso ed altre attività al limite della legalità. L'ossessione per quelli che definiscono i "punti", dall'inglese "pound", cioè il denaro, li spinge a commettere ogni genere di imbrogli e piccoli reati e l'ostentazione "cafona" per la ricchezza si trasforma in una assurda competizione.

Gli sheepshaggers vivono da estranei nel contesto culturale anglo-sassone che rifiutano, ignorandolo e restano ossessivamente ancorati alle loro origini. Tuttavia il perpetuare delle tradizioni è svuotato del significato originario e così, ad esempio, si sposano tra consanguinei per tenere fede a scellerati patti di reciproco aiuto e la celebrazione del matrimonio diventa solo l'occasione di esibire la ricchezza sia in Scozia che al paese.

In un sottobosco di cialtroni, persi in mille meschinità, compiute spesso anche ai danni dei connazionali, emerge la figura di Totonno. Pur nel suo non ortodosso rispetto della legge, il personaggio conserva un codice etico, dettato dal rispetto, dal senso dell'onore e dall'impegno per la parola data. Totonno proviene da un altro mondo rispetto agli sheepshaggers con i quali intrattiene rapporti d'affari ma non si confonde: lui ha conservato i VALORI della patria lontana. E' il protagonista positivo della vicenda, a tratti modellato sulla personalità e le vicende dell'autore del romanzo, a tratti inventando situazioni e sviluppi.

Sentiamo la materia narrata viva perché è un'esperienza quasi autobiografica. Sulla sua pelle Antonino De Cesare ha sperimentato il sistema di reclutamento degli emigranti, abbindolati da possibilità economiche inimmaginabili, una chain emigration che crea una comunità all'estero ripiegata su sé stessa, che ha difficoltà ad integrarsi, a cominciare dai problemi nell'imparare la lingua. I paesani, dalla scarsa scolarizzazione, non riescono ad esprimersi in inglese, per cui creano un idioletto incomprensibile a chi non partecipa alla loro vita e al loro business. Un lingua che diviene un codice gergale, derivato dal dialetto comune della zona d'origine, integrato da termini inglesi non pienamente assimilati. Una lingua che li identifica per quello che davvero sono: né italiani, né scozzesi ma solo sheepshaggers!

La narrazione di De Cesare è rapida come un reel cinematografico, quando descrive questa comunità, con dialoghi secchi e crudi come si addicono a questo mondo di duri. Come quello offerto da un regista neorealista, il suo spaccato sociale ha il sapore dell'autenticità e la caratterizzazione dei personaggi è stilizzata ma efficace ed indimenticabile.

Per contrasto, in alcune descrizioni di luoghi di grande atmosfera l'autore tesse un velo di nostalgia di un passato perduto: il lettore rivive la vita del centro storico di Edinburgo con le sue ombre ed i suoi fantasmi e indugia con lo sguardo sul cimitero di campagna che rievoca, nel permanere del glorioso passato dei clan, il sapore elegiaco di Thomas Gray.

Maria Scerrato

"Sera, sera, sera.
Ce steva na jatta nera.
Areca, careca sausicce,
le purtame a zi' Urticce.
Zi' Urticce nun ce steva,
ce stevan duje figliole
ca stevan a fa' na frittatella.
Me ne ditter na cichenella,
me ne ditter navet e tant,
la mettiren n'coppa a nu' scann'.
Gliu scann era cup'
i sotto ce steva gliu gliup'
Gliu gliup' era vecchie
e nun sapeva refà gliu lett'
Gliu lett' steva refatte
arriva gliu gliupe e ce sa acquatta."

Era sera tardi
e c'era una gatta nera.
Caricavamo le salsicce
per portarle a zio Urticcio.
Zio Urticcio non c'era
e c'erano due ragazze
che facevano una frittatina.
Me ne dettero un po' e poi ancora un altro po'.
La poggiarono su uno scanno.
Ma lo scanno era alto
e sotto c'era un lupo.
Il lupo era vecchio
e non sapeva rifare il letto.
Quando il letto fu rifatto,

arriva il lupo e ci si acquatta.

Era l'alba ormai!

Alfonso si era appena svegliato dopo una notte umida e scomoda sul pagliericcio caldo della stalla. Si era addormentato con quella cantilena che gli risuonava nella mente, una vecchia nenia che si tramandava a voce nel tempo e in quel momento gli ritornarono in mente le parole del vecchio, saggio nonno: " Il miglior mestiere è quello del lupo: nessuna fatica e sempre da mangiare! Perché lavorare quando puoi trovare tutto quello che vuoi, pronto per essere arraffato? "

Il giovane ci pensava spesso, cercando una soluzione a quel suo vivere, ma non gli veniva in mente niente.

Intanto le pecore cominciavano ad alzarsi da terra e belando, come passandosi parola, si allungavano, una dietro l'altra, sul manto fresco di erba che si estendeva lungo la calotta del monte.

Suo padre era solito lasciarlo da solo col gregge. Ormai era quasi un adulto e sapeva bene il da farsi. Dopotutto aveva già compiuto 20 anni ed era abbastanza grande da poter badare a sé stesso e agli animali.

Il vecchio gli aveva insegnato tutto quanto gli sarebbe servito per diventare un pastore esperto.

"Arghiè, arghiè", urlava alle bestie e quelle si muovevano qua e là, come avessero capito ciò che veniva loro ordinato.

"Nenè, nenè" gridava loro a sera e quelle gli si avvicinavano, lente e contente, poiché sapevano che da lì a poco avrebbe cominciato a mungerle, liberandole da quel peso ingombrante che, nel muoversi, faceva sballottare, qua e là, le mammelle rigonfie e pesanti per il latte.

Mentre preparava il fuoco, tagliuzzando pane e formaggio, iniziò a consumare la sua cena: un buon bicchiere di vino fece scendere il cibo più dolcemente nello stomaco.

L'altro suo compito era di preparare caciotte e ricotta. Dopo averle composte, le lasciava ad asciugare tutta la notte nei cestelli di vimini.

All'alba, come ogni giorno, sarebbe arrivato suo padre a prelevarle, per poi portare tutto giù al paese e rivenderle casa per casa.

Anche quella mattina, il padre arrivò di buon' ora.

" Alfò, Alfò ", gridò da lontano, quasi con un po' d'affanno.

" Raduna le bestie, dobbiamo tornare subito a casa. " continuò tutto eccitato.

" Tata, ma che è successo? - gli rispose lui - E il formaggio? "

" Non è successo niente di male - continuò il padre - raccogli tutto e andiamo. Ci sono buone notizie. Muoviti e datti da fare, riunisci le bestie. Dobbiamo fare presto! " Suo padre temeva di perdere quell'occasione.

Un fischio qua e un "Arghiè" là e, in poco tempo, Alfonso raccolse tegami e formaggi, radunò le bestie e chiacchierando col padre a fianco, presero a scendere giù, a passo svelto, verso le Fondidune.

La notizia, all'inizio, gli sembrò incredibile: aveva l'opportunità di partire per l' Inghilterra!

Non poteva crederci. Chi l'avrebbe mai detto che di lì a qualche giorno sarebbe dovuto partire per quel lontano paese, l' Inghilterra ?

Precisamente era in Scozia che sarebbe dovuto andare.

" Ma che me ne frega - andava ripetendosi, nei pensieri della mente - dove sia, sia! E' sempre meglio di starsene qui, a guardare i culi delle pecore."

E non si sbagliava. Il padre lo diceva sempre, specialmente dopo un paio di bicchieri di vino rosso, accanto al camino acceso quando la sera ci si riuniva e si parlava di quelli che erano partiti e che avevano fatto fortuna; " Qua si lavora senza fare una lira; si fanno soltanto sacrifici, ma in cambio di che? Se potessi, me ne andrei anche io, non solo in Inghilterra ma anche in capo al mondo, là dove si possono fare tanti soldi: lavori un po' di anni, ti metti un po' di soldi da parte e poi te ne torni a casa a fare il signore. Così sì, che vale la pena di fare dei sacrifici!"

Quel grande giorno, sembrava, fosse arrivato anche per lui.

In un attimo tutto gli sembrò più bello, anche il puzzare delle pecore sembrò svanire nel nulla.

In quei giorni era tornato in vacanza dall'Inghilterra, zi' Vittorio, un cugino di suo padre. Era arrivato con una macchina grande e nera, l'unica nel paese e nella piazzetta, attorniato dai compaesani curiosi, non si faceva altro che parlare di quell'auto grande, bella come un aereo.

" State attenti - qualcuno diceva ai bambini che vi si avvicinavano - non la dovete toccare, altrimenti la sporcate " - anche se la polvere che la ricopriva, a causa della strada non ancora asfaltata, aveva fatto diventare quasi grigio, il colore nero originale.

Zi' Vittorio era uno di quelli, partiti anni prima per quel lontano paese, dove aveva fatto fortuna.

Era la prima volta che faceva ritorno in patria: era partito che era giovane, smilzo e cafone ed era tornato con una moglie e due figlie, paffute e spacconcelle, vestite a festa come per la prima comunione.

Sembrava non sapessero parlare italiano ma forse sì, forse lo sapevano parlare e lo capivano, dopotutto il padre le aveva addestrate per bene: " Quando state tra quella gente non parlate mai in italiano – andava ripetendo loro per tutto il viaggio - mi raccomando, ascoltate soltanto, così sappiamo chi è che parla bene e chi è che parla male di noi!"

Sempre diffidente, da buon montanaro. Loro avevano capito e sapevano stare al gioco.

Era ingrassato zi' Vittorio ed era ben vestito. " E' l'aria che mi fa bene ! - continuava a rispondere a chi gli chiedeva come avesse fatto per diventare così rotondetto.

" Dopotutto là si mangia tre volte al giorno - diceva loro - al mattino si fa breakfast, scusate la colazione, poi si mangia a pranzo e ancora a cena. La cosa veramente strana, però, è che non si sentono le campane suonare a mezzogiorno! - era proprio convinto di quello che diceva - Ma è proprio l'aria che fa bene, ve lo dico io. Mi dovete credere! " e battendosi le mani aperte sulla pancia ben gonfia, sembrava volesse convincerli, non solo con le parole ma anche con i fatti.

Quello che diceva lui era pura e santa verità. E chi poteva contestarlo?

Tutti gli emigranti che erano tornati avevano fatto fortuna. Forse lassù in Scozia, si poteva ingrassare in poco tempo. E così la pensavano tutti quegli altri poveracci e, chissà, quanti soldi si potevano mettere da parte!

Il bravo Vittorio era venuto in vacanza ma lo aveva fatto anche perché aveva bisogno di qualche giovanotto che potesse aiutarlo nel lavoro nel proprio shop di alimentari italiani.

Gli affari cominciavano ad aumentare, perciò qualche paio di braccia in più sarebbero state molto utili. E poi, lassù, qualcuno aveva già aperto qualche ristorantino con pizzeria e lo si doveva rifornire con dei prodotti originali, senza contare i sempre più italiani che arrivavano ed ai quali bisognava mettere a disposizione quanto necessario per la spesa giornaliera.

Le merci provenienti dall' Italia venivano scaricate e sistemate nel magazzino e sugli scaffali. Lui e la moglie, da soli, non ce la facevano più.

" Quando andiamo in vacanza al paese - le disse un giorno - prendiamo un paio di quei pecorai e li portiamo qui ad aiutarci. Daremo loro da mangiare e dormire: meglio qui che starsene lì a guardare i culi delle pecore all'Italia! "

Fu deciso di ritornare per l'estate di quell'anno e così fece.

Una volta in Italia avrebbero approfittato per portare le ragazze al mare e poi, dopo la festa della Madonna di Canneto, sarebbero ripartiti per Edinburgo.

Di lì a poco il festival sarebbe cominciato e ci sarebbe stato molto bisi, cioè da lavorare tanto e loro non potevano lasciare lo shop chiuso!

Ogni tanto gli scappavano quelle parole scoccesi! Il che accadeva, il più delle volte, quando ci si parlava tra paesani. Involontariamente lassù la colonia italiana aveva creato un proprio linguaggio misto di parole incomprensibili agli estranei, traducendo l'inglese in un italiano maccheronico. Ed invece di imparare l' inglese avevano imparato un nuovo italiano. La cosa più strana era che ne erano così convinti che, ormai, quel loro modo di parlare si tramandava normalmente di padre in figlio.

La sera della festa, la piazzetta del paese era stata illuminata con archi di lampadine colorate; il palco della banda musicale, come ogni anno, era stato posizionato con le spalle alla valle, proprio di fronte alla chiesa.

I pellegrini di Aquino erano arrivati, prendendo possesso di posti sicuri dove passare la notte: alcuni cercavano dei portoni lasciati aperti per accoglierli; la maggior parte invece, andava a distendersi sull'erba morbida, sopra il giardinetto. Erano soprattutto i più giovani a sostare lontano dai vicoli, lì vicino alla Forestale.

C'erano le giostre e le bancarelle stracolme di noccioline americane, datteri e dolci. E lì sarebbero arrivate frotte di ragazze, vestite a festa, con la smania di farsi vedere da qualche giovane spasimante paesano per potersi fidanzare. Preferivano i pellegrini più giovani, perché la mattina dopo, sarebbero immediatamente ripartiti e tutta l'avventura sarebbe durata solo una notte.

Loro, le ragazze del posto, preferivano appartarsi con quelli: nessuno li conosceva e nessuno avrebbe potuto seguirli nei luoghi più nascosti. Dopotutto quelli erano pellegrini e se si appartavano nell'oscurità era soltanto per bisogni corporali.

I pellegrini invece usavano le ragazze del posto come diversivo per far ingelosire le vere spasimanti, le compaesane!

All'imbrunire, dopo cena, la gente cominciava a scendere per l'unica strada del paese e le famiglie dei pecorai, quasi formando un gregge scendevano dalle Fondidune, la contrada di poche case situata su verso la strada di Forca d' Acero.

Arrivati nella piazzetta, i più anziani si raggruppavano davanti alle vecchie cantine adibite a più moderni bar. I più giovani si recavano al cimitero, da dove sarebbe partita la processione della Madonna, per poterla portare a spalle, fin davanti alla chiesa, illuminata a giorno. Sarebbero stati un paio di chilometri da percorrere tutti in salita, perciò si aveva bisogno di spalle forti che avrebbero potuto sostenere il peso della statua: più spalle vi sarebbero state, più cambi si sarebbero dati.

La sera, illuminata dalle arcate luminose, spariva sotto tanta luce. Da lontano, guardando verso il fondo valle, cominciavano ad apparire le prime fiammelle delle lunghe candele e più la processione si avvicinava, con la statua, vestita di un celeste stellato, che sembrava abbagliare chi la guardasse .

E sì, da vicino, ti accorgevi che era ricolma di catenine d'oro e tanti altri oggetti dello stesso metallo, donati dai fedeli e da un lato, pendeva il lungo nastro bianco dove, chi poteva, appuntava, con un provvidenziale spillo passato da un chierico, alcune banconote in offerta. Più grande era la banconota, più importante era la persona che la donava.

Zi' Vittorio non voleva essere da meno: vi appuntò un paio di grandi fogli da diecimila lire l'uno. Gli applausi si sprecarono, non si sa se fosse per lui o per la bellissima Madonna.

Una volta raggiunto il palco, sistemato a fianco del bar, dalla scala che fronteggiava la chiesa il parroco lanciò il suo solito e lungo sermone; sempre le stesse parole di cui pochissimi riuscivano a capirne il significato.

Si aspettava la santa benedizione e tutti, dimenticando per un po' la Madonna, voltandole le spalle, guardando verso valle, lanciavano i primi "Oh" a quei fiammeggianti e multicolori fuochi di artificio.

In un attimo il cielo si riempiva di mille colori, stelle, cascate, boccioli che esplodevano, colpi a secco per creare più frastuono con una durata maggiore rispetto a quelli dell'anno prima. Gli ultimi botti sarebbero dovuti essere i più fragorosi. Più rumorosi sarebbero stati, più importante sarebbe stato valutato lo sparo, finendo con la solita frase: " Non c'è mai stato uno sparo come quest' anno! "

La banda aveva cominciato a suonare le prime note della Traviata.

Alfonso, insieme al padre, si era avvicinato al tavolo di zi' Vittorio e, solo allora, si accorse di non essere il solo a dover partire.

Infatti, già seduti attorno al tavolo, vi erano i suoi due cugini, Giorgio e Antonio.

Si sentì più sollevato, avrebbe avuto buona compagnia: quante strane cose avevano fatto insieme.

Gli veniva da ridere al solo pensiero: quante volte avevano abusato delle pecore, nelle lunghe notti all'addiaccio. Gli veniva da ridere al rivedere, il tutto, nel pensiero, Giorgio, rincorrere, invano, la sua preda finendo, poi, col masturbarsi al sol pensiero di potersi trovare, invece, con una donna.

Quei due sarebbero stata una bella compagnia!

" Zi' Vittò, questo è mio figlio Alfonso, mi raccomando stateci attento voi e non fatelo uscire in mezzo alla gente, da solo. Non sa parlare e si potrebbe trovare in qualche guaio! "

" Non vi preoccupate, zi' Luì. Quando si lavora tanto, alla sera c'è solo voglia di dormire e loro avranno molto da lavorare. Questi giovani sono forti e robusti, chissà,un giorno, potrebbero essere loro a tornare al paese e offrire una bella diecimila lire alla Madonna! "

" Se Dio vuole! "- risposero in coro i tre padri, sigillando il tutto con un bel bicchiere di birra.

I loro figli erano i soli maschi in famiglia. Erano gli unici che avrebbero potuto portare qualche pezzo di pane a casa: le femmine erano solo buone per essere sposate da qualcuno che le avrebbe portate via da casa: meglio così, sarebbe stata una bocca in meno da sfamare.

Bottiglie di birra e noccioline riempivano la tavolata, i giovani bisbigliavano tra loro; le ragazze, sorbendo un gelato, mute e impassibili, ascoltavano quella strana musica, sempre la stessa, come la predica di don Mario.

L'accordo venne raggiunto e, con una stretta di mano, il tutto fu suggellato, quasi come un contratto. All' inizio i giovani avrebbero avuto vitto e alloggio. Zi' Vittorio avrebbe provveduto a pagare i biglietti del treno. Si sarebbe dovuto viaggiare da Cassino a Roma e, da qui, sempre in treno, proseguire fino ad Edinburgo. Bastava dormire e non si sarebbero accorti della lunghezza del viaggio.

Zi' Vittorio sarebbe invece tornato con la sua bellissima macchina e sarebbe andato a prenderli alla Waverley Station, al momento del loro arrivo. Pensavano già a chi sarebbe dovuto sedersi davanti, a fianco dell'autista.

L'avrebbero deciso al momento, con un paio di manate alla morra: c'era ancora tempo.

Il viaggio sembrava non finisse mai. Chi l'avrebbe mai immaginato di viaggiare anche su una nave!

La traversata de La Manica fu un disastro; il mare mosso gli scombussolò gli stomaci. Spesero la maggior parte del tempo a rimettere nei bagni.

Sbarcarono a Dover e da qui a Londra. Il viaggio fu breve abbastanza per rimettersi dal trambusto sul mare. Cambiarono il treno e ripartirono per il nord, in un lungo viaggio, traballante e fumoso.

Scesero, infine, alla stazione di Edinburgo.

"Quanta gente Guardate - esclamò Giorgio meravigliato - qua le macchine sono tutte uguali !" indicando una fila di autovetture tutte nere, che altro non erano che taxi in attesa di clienti.

C'era una confusione generale: chi arrivava, chi partiva " Ecco là, zi' Vittorio! " lo avevano visto, finalmente.

Alfonso rivendicava la propria vincita alla morra: lui si sarebbe seduto davanti a fianco del guidatore!

Avvicinandosi: "Uè uagliù - gridò loro zi' Vittorio, tra il frastuono di frenate striscianti e sbuffate di vapore – camm' ìar, venite qua."

E questi, radunate le piccole valigie di cartone, se le issarono sulle spalle e camminando come pesci fuori dall'acqua, guardando la grande struttura di ferro ad archi della stazione, passando tra quella fila nera di macchine tutte uguali, raggiunsero, dopo una piccola salitella, l'auto di zi' Vittorio.

" Mi raccomando sistemate tutto bene nel bagagliaio, salite in macchina e muovetevi. Non perdiamo tempo ... il tempo è denaro. "

L'uomo sembrava diverso. Non era più così affabile come giù al paese. La sua voce era diventata tuonante e perentoria. E loro, sistematosi come stabilito, muti e guardinghi, non facevano altro che guardarsi tutto intorno, la notte illuminata da mille luci misteriosamente affascinante: questa era la Scozia!

La macchina sembrò scivolare lungo l'ampia strada che, dall'inizio della Princes Street, prendeva a scendere verso la rotonda di London Road. Costeggiata la corta Elm Row, svoltarono a destra entrando in Montgomery Street e appena all'imbocco di essa, la macchina si fermò. Si era arrestata davanti ad un grande portone di legno. Bastarono due colpi di clacson e questo si aprì lentamente.

Era la moglie di zi' Vittorio, che aprì le ante della porta, appoggiandovisi con le spalle, una alla volta, con grande sforzo. Quando lo spazio fu abbastanza ampio, l' auto entrò per poi, fermarsi, al posto giusto.

"Cammon. Andiamo, venite da questa parte. Vi faccio vedere dove dovete dormire" disse loro con fare svelto e deciso, come se stesse rimettendo le pecore nella stalla. Entrarono in una porta laterale che portava in una stanzetta, un po' più grande di uno sgabuzzino. Là, tre brandine sembravano aspettarli a braccia aperte. "Cammon, venite, questo è il bagno - continuò quello – l' acqua per lavarvi, la potete prendere da quella fontana - indicando fuori la porta - ma mi raccomando chiudete il rubinetto, appena avete finito."

E dopo aver dato loro la buona notte " Domani mattina potete stare a letto un po' più a lungo ma da dopodomani in poi la sveglia sarà alle sei. "

Di lì a poco, scomparve nell'oscurità dell' atrio con la moglie.

I tre giovani, entrati che furono nel grande stanzone, scelsero ognuno il proprio letto, senza ulteriori scommesse, e sdraiatisi con le mani sotto la testa, ne assaporavano la comodità del giaciglio. Come era bello! Non faceva rumore come il pagliericcio. Non si affondava, si stava bene così.

Pensarono che sarebbe stato difficile svegliarsi al mattino.

" Alfò, hai visto, l'acqua sta là !"

" Non si deve andare al pozzo per prenderla!" esclamò incredulo Giorgio

" Ma ti pare. Qui stiamo alla Scozia, mica stiamo alle Fondidune" gli rispose l'altro

" Giò - continuò Antonio - qua tutto è possibile. Chissà quante belle cose dobbiamo ancora vedere."

" Un poco alla volta. Abbiamo tanto tempo e poi dobbiamo imparare a parlare come questa gente. Hai visto come parla bene zi' Vittò - cammon, cammon ! "

Poi tra parole e pensieri, pian piano si addormentarono e il tutto cadde in un profondo e oscuro silenzio.

Durante la notte, sembrò loro di sentire lungo le strade lucide e selciate, la musica degli organetti a manovella, tirati a spalla faticosamente, dai primi emigranti italiani verso la fine dell'Ottocento.

A quei tempi, i suonatori ambulanti viaggiavano per giorni e giorni a piedi. Dopo mesi di viaggio attraverso tutta l'Europa, sostando qua e là, suonando l'organetto, a volte con una scimmietta sulle spalle o qualche pappagallo, vecchio e spennato e chiedendo l'elemosina o qualche regalo per lo spettacolo offerto, arrivarono ad Edinburgo.

Ascoltando più attentamente i tre giovani udirono una voce antica e familiare, lanciare il proprio richiamo "Ice cream, Italian ice cream". Erano i gelatai di una volta che, col carretto, si fermavano qua e là sotto i grandi caseggiati, in attesa che qualcuno scendesse a comprare i loro prodotti.

Più in là, verso Princes Street, nel sogno, fece la sua comparsa l'onion man, un vecchio francese, con la coppoletta nera e un grande fazzoletto attorno al collo, su una bicicletta stracolma di cipolle francesi, intrecciate a grappoli e a catena. Di solito ne portava anche appese al corpo a mo' di giberna, offrendole qua e là, in tutto il quartiere, declamandone le qualità.

Il vecchio tram scorreva rumorosamente sui binari, in direzione del porto.

I riparatori di pentole, seduti all'angolo della strada, aspettavano che le donne portassero loro i pezzi da riparare.

Soltanto i carbonai solevano andar per strada, prima con carri trainati da grossi Clydesdale, i cavalli giganti, poi, più modernamente, con camioncini a sponda, stracolmi di sacchi di carbone.

Fu al mattino che, uscendo su quei ciottoli umidi e lucenti, videro per la prima volta il mondo reale.

Intanto zi' Vittò aveva organizzato tutto per bene.

Sapeva che i ragazzi non potevano entrare nel Regno Unito senza un permesso di lavoro e, allora, aveva preso appuntamento con il proprietario del ristorante-pizzeria: quello sì che sapeva come fare per aggiustare le cose.

Infatti, a quei tempi, lo straniero poteva essere assunto soltanto come contadino o collaboratore domestico; doveva essere registrato presso l'ufficio di polizia, che gli avrebbe rilasciato un libretto di identità, con tanto di fotografia.

Dopodiché, avrebbe ottenuto un permesso di lavoro che sarebbe stato valido per cinque anni, rinnovabile ogni sei mesi.

Alla scadenza di questi anni, fatta la richiesta all' Home Office, nel caso di una persona laboriosa e indipendente, si poteva usufruire della libera residenza, quindi non si aveva più bisogno del libretto degli stranieri e si poteva svolgere qualunque lavoro per qualsiasi datore di lavoro, senza essere soggetto a chi del lavoro, te ne faceva un debito dovuto.

L' altro modo per poter entrare in quel paese, senza permesso di lavoro, era il dichiarare di essere studenti che volevano imparare l'inglese.

Era la stessa storia: ci si recava nell'ufficio di polizia per il rilascio del tesserino con fotografia dello straniero, come una carta d'identità e poi ci si poteva imboscare a lavorare "a punti puliti". L'importante era non immischiarsi con gli scoccesi e non cadere, per nessun motivo, nelle mani della polizia.

Poi ci fosse stata la necessità, si andava da Mister: si pagava alcune centinaia di punti, quel bel tipo ti preparava la documentazione adatta per poter ottenere il permesso di lavoro e così potevi continuare a lavorare in nero.

Perciò, l'importante era entrare in Inghilterra, al resto ci avrebbe pensato lui, il Mister!

Fu per questo che appena arrivati dovettero andare a conoscerlo.

Zi' Vittò li andò a prendere sul tardi, verso le 11 del mattino, perché a quell'ora avrebbero trovato di sicuro il Mister.

Uscirono da quell'androne oscuro, dove era la loro stanza da letto e rimasero abbagliati dalla luce del giorno, nuvoloso e grigio. Fu solo allora che videro quei palazzoni color pietra beige, tutti uguali, lunghi tanto da confonderli.

Risalirono poi la strada da dove erano arrivati la notte prima e finalmente poterono vedere, alla luce del giorno, quanto bella e antica fosse Edinburgo.

Attraversando la Princes Street, sul lato destro, vi era una lunghissima fila di negozi; sul lato sinistro, alla fine di un lungo caseggiato, sopra un costone di roccia, si stagliava imperioso, un castello, su quella dura pietra nera e lucente.

A valle, tra la costa della roccia e la larga strada, si estendeva un grande parco tutto verde, circondato da alberi e siepi, rifugio di passeri, corvi e scoiattoli, per nulla intimoriti dalla presenza umana.

" Ma zi' Vittò - chiese Giorgio incredulo - qui si vende solo il 'sale'. Le sigarette dove si possono trovare? - indicando i vari cartelli apposti sulle vetrine dei negozi.

" Non dire fesserie, parla quando capisci - replicò il vecchio, con fare da saputo - quel 'sale' significa 'svendita', lo scrivono quando vogliono vendere la merce a buon mercato. Ma adesso basta, stiamo quasi per arrivare. Mi raccomando, voi non dovete parlare, quest'uomo è uno importante per noi e non gli piace chi parla troppo. "

Alla fine di Princes Street, proprio di fronte al Caledonian Hotel, svoltarono a sinistra lungo Lothian Road. Arrivati poi all'altezza dell'orologio, di nuovo a sinistra e, dopo una ventina di metri, si fermarono davanti a quella che doveva essere una pizzeria, il Bar Capri.

Salendo per un portoncino laterale, alla seconda rampa di scale, bussarono ad una porta.

" Come in, come in. Entrate! " Una volta dentro, seduto dietro una scrivania da persona importante, videro per la prima volta il Mister di cui avevano sentito parlare.

Zi' Vittò, tutto ossequioso, li fece accomodare in un lato dell'ufficio.

Il Mister stava facendo colazione con un uovo alla coque.

Zi' Vittorio, in un attimo, aveva cambiato atteggiamento di fronte a quell' uomo. Era diventato uguale a quei ragazzi, al suo cospetto.

Alfonso se ne rese subito conto ma se lo tenne per sé.

" Allora - esordì il Mister - sono questi i giovanotti?"
La sua voce era tonante e secca. Era un tipo magro, ben
vestito. Sembrava un signore, appena brizzolato ma
quando si rivolse a loro non li guardava in faccia.
" Signorsì - rispose zi' Vittorio-
" Allora vediamo un po'. Alfonso tu sei nato a Picinisco
il 4/5/1946. Antonio, tu sei nato a Picinisco il 18/
6/1946. Giorgio, tu sei il più grande: sei nato a Picinisco
il 20/2/1944. E' così?"
" Si " risposero quasi in coro i tre .
E quello continuò:
" Qua si deve lavorare e rispettare chi vi dà casa e lavoro.
Con un po' di pazienza ognuno può riuscire a crearsi un
suo businis. Guardate a noi, siamo arrivati qui con una
scarpa e una ciabatta, però oggi ci siamo comprati casa,
negozio e siamo in affari come gli scoccesi.
Rimase in silenzio per un po'. Il tempo che gli sarebbe
servito per mettere a posto le carte poi si rivolse a zi'
Vittorio,
" Qua è tutto a posto. Prendete e andate, noi ci vediamo
dopo. Ok?"
"Ok, Mister D. -rispose zì Vittò – Cammon, uagliù,
salutate!"
E, uno alla volta, uscirono,dopo un semplice
"arrivederci".
Ormai era fatta e tornando a casa, anche zi' Vittò
sembrava più contento.

Tra un pensiero e l'altro non si erano resi conto di essere arrivati. Una volta entrati nel magazzino-casa, il vecchio mostrò loro le merci e dove andavano sistemate. Quello che, a colpo d'occhio, sembrava più laborioso, sarebbe stato sicuramente lo spostare quelle grandi botti di vino, olio e cordiale: il resto erano soltanto casse, che variavano dalla pasta al riso, salumi da appendere e formaggi da sistemare sugli appositi scaffali di legno.

In quel magazzino, c'era di tutto: dalle alici salate al baccalà, dalle olive alle noci nostrane; c'era la birra italiana e anche sigarette e sigari toscani, per non parlare delle casse di svariati tipi di vino italiano.

L'ambiente era saturo dei vari profumi dei prodotti ed era così fresco da sembrare di trovarsi in una lunga e cupa grotta.

L'uomo, dopo aver mostrato loro il tutto disse "Cammon, andiamo al negozio" e passando per una porta laterale, si ritrovarono dietro il lungo banco di lavoro.

La moglie stava servendo alcuni clienti e dal loro parlare capirono che erano altri connazionali.

Non erano loro compaesani ma che importava?

Cominciarono a capire di non essere i soli italiani in quel paese

E il vecchio padrone riprese:

" Ogni sera vi dirò quello che si deve preparare per il giorno dopo." Non poteva scriverlo, perché non sapeva farlo e poi, a che serviva? Tanto nemmeno quelli sapevano leggere tanto bene.

" Tenetelo bene in mente e non fate confusione. L'altra cosa importante è che non si deve mai lasciare il banco senza carta e buste, altrimenti dove mettiamo la merce dei clienti? Nei loro grembiuli? "

Terminò con un sorrisetto sarcastico, come per dire " Qui non è come al paese!" E poi lì, in Scozia, le donne non portavano il grembiule Zi' Vittò si sentiva come chi avesse superato certe usanze paesane. Ormai era diventato un cittadino!

Il negozio era così stretto che a malapena due persone potevano sostare una dietro l'altra.

Di fronte al banco erano sistemati i barilotti di aringhe e i vari sacchi di legumi secchi. Anche per i clienti, uscire dal negozio, era sempre una faticaccia.

Dietro il banco vi era una lunga scaffalatura altissima tanto che, uno dei tre, Antonio, il più magrolino, aveva l'incarico, per ogni richiesta, di salire su una apposita scala per prendere bottiglie di liquori, sigarette e le altre merci più costose. Le avevano sistemate in alto in modo che nessun malintenzionato avrebbe potuto raggiungerle facilmente mentre aringhe, ceci e fagioli non attraevano i manolunga, così li chiamava con disprezzo Zi' Vittò. Questi potevano restare a portata di mano; nessuno li avrebbe rubati!

Quello era il loro lavoro e quelli erano i loro compiti, chiaro?

Rientrati nella loro stanza-dormitorio, cominciarono a dividersi gli incarichi. Fu un accordo che presero subito e mantennero per tutto il tempo a venire.

All' inizio furono anni duri. La cosa più fastidiosa era il fatto che non riuscivano ad imparare l' inglese. Sapevano sì, qualche parola ma erano le sole parole che sentivano ripetere da zi' Vittorio, sempre le stesse: "Cammon, Gudd' morn, ok, deng iù."

Il vecchio parlava sempre in italiano e arrivarono al punto di dubitare che anche lui sapesse parlare inglese.

Un'altra cosa erano riusciti a scoprire: l'Inghilterra non era la Scozia e l'inglese non aveva niente a che fare con lo scozzese, lo scoccese come dicevano loro.

Ben presto, anche loro, impararono quella lingua tutta particolare, un misto di dialetto paesano ed inglese, tradotto a modo loro: la cappettì era la tazza di tè, la cappecoffi era la tazza di caffè. Non si doveva mai dire basta davanti ad uno scozzese: questi l'avrebbe presa a male, come se l'avessi chiamato bastard. E non si doveva nemmeno dire fa cchiù che nel dialetto paesano voleva dire non farlo più. Per quell'altra gente era un' altra espressione offensiva, fottuto ed era meglio non dirla mai!

L'angolo di strada era diventato cornice, da corner; il marciapiedi era diventato pavimento, da pavement. Perfino la patente di guida era diventata licenza, da licens. Le sterline erano punti, da pound. Gli stone erano subentrati ai chili e le bag ai sacchi. Non si diceva più "Come vanno gli affari? " bensì "Sei stato bisi?"

Il bisinnis, gli affari, era la parola più importante.

Chi stava in bisinnis , per forza di cose, era una persona che aveva molti punti.

Negli anni successivi, quando Alfonso divenne un bisiniss man non cambiò nulla. Infatti, sull'insegna della little Italy, dimenticò di far raffigurare la Sardegna insieme al resto dell'Italia, pensando che quella facesse parte della Francia!

Si erano creati un mondo a parte.

A loro importava poco, dove si vivesse , come si vivesse. Al di fuori del loro spazio paesano, non si sarebbero mai mischiati con quella gente e non avrebbero mai sposato una scozzese: quelle erano solo buone per andarci a letto, erano ubriacone come gli uomini e poi non sapevano cucinare!

Immagina un po', tornare a casa e non trovare altro che qualche sandwich, nemmeno un tavolo dove sedersi a pranzare, per quella gente bastava un vassoio da tenere sulle ginocchia e la tavola era apparecchiata.

Questa non era vita per loro. Questi scoccesi erano proprio animali!

Se ne accorsero una sera. Era un fine settimana e chiuso il negozio, erano andati ad aiutare zì Dominic, il fratello di zì Vittorio, nel suo shop, in Ester Road. Era un Fish & Chips. Non ne avevano mai visto uno, prima di allora. Quella sera, non avrebbero mai potuto immaginare che lavorare in quei negozi sarebbe stato la loro futura fortuna.

Il vecchio zio si occupava di friggere l' haddock, il merluzzo, impanato in una strana pastella cremosa. Si notava subito che l'uomo sapeva bene il suo mestiere. Vi lavoravano anche delle ragazze, anche esse esperte, svelte si davano da fare a sistemare i polli cotti, le salsicce e i pesci fritti, nei vari scompartimenti che li mantenevano caldi.

Ognuno svolgeva il proprio lavoro, in modo semplice e rapido, consapevole di quello che faceva.

Lo stadio di calcio era dietro l'angolo e la massa di persone, alla ricerca di qualcosa di caldo da mettere sotto i denti, era incredibilmente enorme e, molto presto, avrebbe preso d'assalto la friggitoria.

Ecco perché tutto doveva essere preparato per l'occasione. Quella sera l' HIBS, la squadra locale e padrona di casa, avrebbe affrontato i RANGERS di Glasgow e sicuramente ci sarebbero stati seri problemi. Infatti le due squadre si fronteggiavano anche sul versante religioso: gli HIBS erano cattolici mentre i RANGERS erano protestanti.

Guai a Dio se i RANGERS fossero stati sconfitti: i protestanti avevano vinto la guerra contro i cattolici. Per loro era impensabile essere sconfitti da un branco di luridi cattolici irlandesi.

Questi non avevano nessun diritto di cantar vittoria, sarebbero stati sconfitti comunque!

Quella sera la tensione era al massimo. La settimana prima c'era stata la annuale sfilata della Orange Walk, una lunghissima processione senza santi, soltanto stendardi con l'immagine di William d'Orange, a cavallo su un destriero bianco, in atteggiamento di incitare all'attacco le sue truppe, oltretutto olandesi, contro i cattolici irlandesi.

Le bande musicali si susseguivano, rumorose con i loro tamburi. I flauti, in prima fila, risuonavano come sibili di serpi, guidando la lunga sfilata di persone di svariati ceti: dallo spazzino al dottore, dal manovale al professionista, tutti vestiti a festa con la bombetta in testa, indifferentemente, uomini e donne, con un ombrello sempre al braccio, anche se il tempo non prevedeva pioggia.

In quel giorno erano tutti uguali; non esisteva alcuna distinzione tra ceti sociali. Gli inni erano sempre gli stessi, contro il papa e la Madonna; gli insulti erano irripetibili.

La cosa strana era che la polizia era schierata davanti al corteo e ai lati. Non stava lì per difesa bensì per offesa: nessuno vestito di verde era autorizzato ad attraversare la strada mentre la sfilata era in corso.

Il verde era il colore dei cattolici, mentre il blu era quello degli avversari. Ogni negozio, che fosse di proprietà di cattolici, aveva le serrande abbassate o, quantomeno, le vetrine tappate alla bene e meglio, altrimenti i negozi potevano essere oggetto di vandalismo e la polizia non avrebbe mosso un dito.

Ma il più bello era che, il giorno dopo, sarebbero tornati ad essere tutti amici, come se niente fosse accaduto. Non avrebbero sentito quei fucking bastard , dirty finney , catholic bastard bensì "Hi mate" e, comunque, tutti così gentili e affabili, fino al venerdì sera successivo quando, uscendo ubriachi dai vari pubs e andando a comprare un fish supper avrebbero ricominciato ad inveire contro i proprietari delle friggitorie con i soliti fucking hi ti , fottuti italiani.

Con la testa piegata, senza incontrare quegli sguardi offensivi, si sopportava tutto e si sorrideva anche e, con modi gentili, si rispondeva alle offese col classico thank you sir.

Si doveva lavorare e basta: se non fosse stato per quegli ubriaconi non avrebbero incassato granché. Valeva la pena sopportare!

Ma quel sabato sera, zì Dominic era più preoccupato del solito. Avrebbe avuto bisogno di aiuto, perché non chiederlo al fratello? E poi più gente stava dietro il bancone più facile era sopportare le offese: con chi se la sarebbero presa?

Ognuno pensava " Non ce l'hanno mica con me! "e il lavoro sarebbe continuato sempre più veloce.

Appena serviti pagavano un ultimo fuck you per poi mangiare per strada, il più delle volte vomitando, ciò che avevano appena ingerito.

La partita era appena finita e i primi avventori si infilavano di corsa nel negozio a caccia di cibo.

" Abbiamo vinto noi " gridavano di gioia i protestanti dei RANGERS.

" Meno male - pensò tra sé Dominic e rivolto ai ragazzi diceva - mi raccomando sorridete a tutti, non voglio problemi ."

Quante volte aveva pensato di abbandonare quel lavoro ma come fare? Si guadagnavano bei soldi. Questi, messi da parte, aumentavano sempre di più e, grazie a quella gentaglia, era riuscito a comprarsi delle proprietà: era diventato un vero businisman. Valeva la pena sopportare!

E poi, guardando, quei tre giovani, gli veniva da pensare a quel proverbio scozzese " Perché devi abbaiare quando hai un cane? "

Frase quanto mai esatta!

Chissà, forse, avrebbero potuto lavorare per lui, evitandogli tanti guai.

Perché no? Era una buona idea. Ne avrebbe parlato con suo fratello, sicuramente avrebbero trovato una soluzione.

In un attimo smesso di pensare, si ritrovò il negozio pieno di gente.

" Mi raccomando, serviteli subito. Prima pagano, prima se ne vanno."

I ragazzi sudavano affannati dietro la friggitrice. Il fumo del lardo bollente si infilava ovunque nel corpo. I capelli, ad un certo punto, sembravano essere imbrattati di brillantina, tanto era il fumo grasso che vi si attaccava, appiccicoso. Però loro, imperterriti, lavoravano senza sosta.

C'erano spesso momenti di tensione, tra la clientela, dopo quelle partite.

Ad un certo punto sembrò che stesse per scoppiare una furiosa rissa. Fu un attimo, le prime grida, i primi schiamazzi arrivavano da fuori ed ecco, all'improvviso, un uomo entrare di corsa nel negozio.

"Aiutatemi – gridava - mi hanno tagliato la faccia!"

Il sangue scorreva veloce lungo il volto.

Dominic, presa una tovaglia da cucina, gliela passò e questi, coprendosi il volto, prese a correre alla ricerca di uno ospedale.

Poveraccio, si era accostato troppo alla visiera della coppola dell'uomo di Glasgow: non si era accorto che era piena di lamette da barba. Bastò che l'altro, con un gesto secco, spostasse la testa di poco e quel volto venne segnato da un taglio lungo e profondo. Glasgow era rinomata per la gente con la faccia tagliata. Così raccontò il giorno dopo, il sergente di turno nel quartiere, quando venne per la solita cappettì a scrocco.

"Adesso pensiamo a mettere tutto a posto" disse Dominic ai ragazzi.

Quando ebbero finito e chiuso il locale, il vecchio insistette per riaccompagnarli in macchina a casa.

Sarebbe stato meglio se avessero camminato fino a casa e preso un poco di aria fresca: in quella macchina, il forte odore di grasso stantio, li prese alla gola, lo sentirono salire dallo stomaco, impregnandoli di un senso di nausea, precedendo l'atto del vomito istantaneo.

Nemmeno il tempo di avvertire e Giorgio, aperto prudentemente il finestrino, vomitò quel mucchio di patate fritte che aveva continuato a stuzzicare, per tutta la sera, ogni volta che sapeva di non essere visto da zì Dominic.

Continuarono per molto tempo ad andare ad aiutare zì Dominic nel suo Fish & chips ogni fine settimana. Ci andavano con piacere, perché oltre ad essere pagati, per l'extra, potevano stare vicino alle ragazze che lavoravano al banco e alla cassa e, una manata qui, una pizzicata là, li faceva sentire uomini. Ogni qualvolta che si doveva rifornire la friggitrice, passando dietro i loro corpi, ci si poggiava un attimo dietro il sedere e si godeva quell'attimo di toccata e strisciata.

Le donne non disdegnavano. Dopotutto non era facile sentirsi pressate da un membro duro e poi di un italiano, un romantico e focoso italiano!

A proposito, si raccontava che, un giorno, la regina Vittoria avesse chiamato a sé il famoso Garibaldi, uomo di grande esperienza e capacità, chiedendogli di visitare la Gran Bretagna per poi tornare da lei esprimendo la sua opinione sulla nazione.

Il prode avventuriero così fece e tornato dalla regina, le disse "Maestà, il suo è un bellissimo paese, però ci sono soltanto tre cose che non vanno: i fiori sono senza odori, il sole non ha calore e le femmine sono senza amore!"

Mai sentenza suonò più giusta. E gli italiani hanno sempre avuto quella fama amatoria presso i popoli nordici: ogni italiano era invariabilmente un latin lover o un mafioso.

Alle donne del posto i ragazzi italiani suscitarono un grande interesse.

D'altra parte non era facile trovare i propri uomini disposti a fare spesso l'amore. Forse a causa del troppo alcol, forse perché non avevano il sangue caldo, fatto sta che, non sempre, i loro maschi riuscivano a soddisfarle sessualmente.

Per i tre giovani fu una goduria.

Là non vi erano pecore al pascolo; c'era tanta abbondanza di donne che ti creavano l'imbarazzo della scelta e il non saper parlare la loro lingua era un motivo in più per far sì che si andasse direttamente al sodo.

Era tutto stranamente facile, in quel paese. Se andavi a genio a qualche ragazza, questa non esitava a dimostrartelo. Giù al paese, le ragazze potevi soltanto guardarle e se ti ricambiavano le occhiate, erano ritenute delle sfacciate: ma che mondo!

L'importante era non innamorarsi. Quelle donne non erano da maritare. Mogli e buoi dei paesi tuoi, così dicevano gli antichi e loro avevano già stabilito, per un domani, il da farsi: avrebbero sposato donne del paese, donne di casa propria.

Fu una sera di domenica. Erano tornati stanchi per il lungo camminare dal "Parco della Regina", un bel terreno tutto verde dove la gente andava con i bambini, per farli giocare, lontano dal traffico cittadino e loro, con gli altri paesani, vi andavano, invece, per giocare d'azzardo: giocavano alla morra. Il tutto consisteva nel gettare,in modo segreto, le dita di una mano in avanti tenendo l'altra nascosta dietro la schiena. Al lancio bisognava gridare un numero. Se corrispondeva alla somma delle due mani lanciate, si vinceva. La vincita si marcava con le altre dita dietro la schiena. Si stabiliva il numero delle gettate e la somma da vincere. Chi prima raggiungeva quel numero, prendeva la vincita. Era così tutte le domeniche, non ci si arricchiva né si diventava pezzenti. L'importante era vincere così, per tutta la settimana, si poteva sfottere il perdente. Ai passanti, quei gesti e quei movimenti, sembravano appartenere ad un mondo perduto. Quelle voci che gridavano in modo secco, davano quasi l'impressione di assistere ad una lotta tra samurai.

Erano appena entrati in casa, quando zi' Vittorio li invitò ad andare con lui per incontrare zì Dominic.

" Ma avete fatto qualche fesseria?" chiese sommessamente Alfonso agli altri due.

" Ma sei pazzo ? "risposero quelli, a bassa voce.

" Non vi preoccupate - li interruppe zì Vittorio - non è successo niente. Preparatevi, invece. Ci sono buone notizie."

Zì Dominic abitava sopra l'appartamento di zì Vittorio. Salire lungo quella rampa di scala ad andamento circolare, dava l' impressione di non arrivare mai, tanto erano alti i vecchi solai.

" Venite avanti, entrate - disse loro, zi' Vittorio, accogliendoli sulla porta di casa – venite. Sedetevi! "continuò una volta dentro, indicando le sedie attorno ad un grande tavolo. Erano entrati in una imponente sala da pranzo che non avevano certo immaginato.

La moglie portò un boccione di vino e dei bicchieri e Dominic li invitò a fare un brindisi. Ma a che cosa?

" Oggi nasceranno tre nuovi businismen. Alla salute!" sentenziò il padrone di casa.

" Salute! "risposero gli astanti.

" Uagliù, non vi preoccupate - continuò zi' Vittorio - voi lo sapete che mio fratello non ce la fa da solo a portare avanti lo shop. Così, parlando tra noi, abbiamo pensato a voi. Perché no, ci siamo chiesti, sono bravi ragazzi, grandi lavoratori e vanno molto d'accordo tra di loro. Ormai è passato un po' di tempo ed anche loro hanno diritto di entrare in bisiniss, o no?- "chiese loro.

" Volesse Iddio ! - esclamò Antonio.

" Stai zitto - lo riprese Alfonso - lascia parlare zi' Vittorio. "

" Uagliù, statemi bene a sentire - continuò questi - voi il lavoro, ormai lo conoscete bene. Ok, non sapete parlare perfettamente ma non importa: l' importante è saper contare i punti. Al resto ci penseranno le ragazze che lavorano nel negozio" sentenziò ironicamente.

" Per quanto riguarda come comprare la merce - continuò questi - è un discorso a parte e lo dovete imparare per bene. Vi porterò alla mia banca e vi farò aprire un conto corrente e poi il direttore vi darà un libretto di assegni coi quali voi pagherete i fornitori. Ma adesso stabiliamo quanto dovete pagarci d'affitto a settimana."

Un attimo di silenzio, si guardò con il fratello, poi soggiunse: " Noi abbiamo pensato che ce la potete fare pagando un punto per ogni 10 di incasso. Vuol dire che più incassate voi e più guadagniamo pure noi. Che ve ne pare? "

I tre ascoltavano confusi. Ancora non credevano alle loro orecchie. Si, zi' Vittò li aveva fatti lavorare per tutto quel tempo, dando loro soltanto una paghetta a fine settimana, quanto bastava per comprare qualche sigaretta.

Avevano avuto di che mangiare e un letto dove dormire. Sicuramente una vita migliore di quella sui monti a guardare i culi delle pecore. Ma ora, ringraziando Iddio, le cose stavano cambiando per il meglio.

" Ma come facciamo ad affrontare tutte le altre spese? - chiese Alfonso - lo sapete che non abbiamo punti da parte."

" Voi non dovete preoccuparvi - continuò il vecchio - ditemi solo una cosa: tra tutti e tre quante pecore possedete, giù in paese?"

Per un attimo si guardarono, parlando sottovoce

" Una cinquantina circa. " risposero.

Compiaciuto zi' Vittò, lanciò un'occhiata al fratello " Bene, ad agosto io debbo tornare in Italia, per la festa della Madonna di Canneto. Parlerò coi vostri padri. Sicuramente raggiungeremo un buon accordo. E poi che ci fanno i vostri genitori con tutte quelle pecore se non c'è nessuno a portarle al pascolo sui monti? "

" Ma non capisco cosa ne facciamo noi delle pecore di Picinisco? "chiese incredulo zi' Dominic.

" Eh, a te la Scozia ti ha fatto dimenticare il nostro mondo - continuò zi' Vittorio - ma hai dimenticato quanta lana ti danno 50 pecore? E quanto formaggio si riesce a produrre col loro latte? Pensa a quanti agnelli si possono uccidere a Pasqua."

" Va bene, ma lo hai detto anche tu: chi pascolerà quelle pecore?" chiese a conclusione del suo ragionamento Dominic.

" Questo è il punto. Troveremo un paio di garzoni, daremo loro da mangiare e dormire con la promessa che un giorno li porteremo a lavorare qui per noi. Nel frattempo i padri di questi giovanotti, penseranno a curare i nostri interessi. Ma dove li trovano gente come noi, che gli toglie dai piedi, delle bocche da sfamare e glieli sistema pure? Mi hai capito?" concluse zi' Vittò mentre il fratello annuiva.

E rivolto verso i ragazzi : " Voi conoscete sicuramente qualche giovanotto alle Fondidune che potrebbero accettare la proposta o no?"

" Gnorsì! "- rispose d'impeto Giorgio. Lui conosceva alcuni ragazzi a Valle Porcino che erano buoni lavoratori.

" Vedremo - concluse il vecchio, dando una manata sulla spalla di Giorgio - se tu li conosci, vuol dire che un giorno potranno lavorare per te." E, con un sorrisetto malizioso sulle labbra, li accompagnò alla porta, ricordando loro che all'indomani avrebbero iniziato una nuova vita e non dimenticando di consigliarli con un " Ricordatevi, con i primi soldi che guadagnerete, dovrete comprarvi una casa. Mica potete stare sempre qui ? "

Il sorrisetto finale suonava, però, come un'imposizione, come dire: è ora che ve ne andate per i fatti vostri.

Erano arrivati i tempi dei lupi!

Da un minuto all'altro i tre amici si ritrovarono in affari. Increduli, se ne tornarono nella stanza dove ognuno si sedette sul proprio letto e cominciarono a discutere sul come organizzarsi.

Per prima cosa avrebbero dovuti procurarsi una cassaforte, dove conservare i punti che avrebbero guadagnato.

Secondo, da quel giorno in poi tutto sarebbe stato in comune, come le pecore di tutti e tre, che dovevano essere messe insieme per concludere l'affare.

Voleva dire che, un domani, dovendosi fare una famiglia, avrebbero sposato uno la sorella dell'altro, in modo che i capitali, guadagnati non sarebbero andati a finire nelle mani di estranei.

Dopotutto non conoscevano altre donne, all'infuori delle zoccole scozzesi che lavoravano con loro.

Stabilito chi avrebbe sposato la sorella di chi, ancora increduli, si distesero sui letti, sognando un futuro prospero.

Già si immaginavano di arrivare in paese con un grande macchinone, parcheggiare nella piazzetta per pavoneggiarsi del progresso fatto. Bisognava stare attenti ai bambini troppo curiosi, avrebbero potuto scorticare la macchina e poi, il giorno della grande processione ognuno avrebbe sfidato l'altro attaccando un bel numero di banconote sul nastro della Madonna.

Non sarebbero più stati scacciati dall'oste dalla cantina. Invece sarebbero stati ossequiati e ben serviti.

Tutto sarebbe cambiato!

E tra un pensiero e un altro, il sonno li assalì, riportandoli ancora più lontani dalla realtà.

Finalmente fu giorno.

Arrivarono al negozio ancor prima di zì Dominic, ansiosi. Aspettarono il suo arrivo: le prime ragazze, già sul posto, attesero con loro .
Il vecchio arrivò da lì a poco.
" Buongiorno a tutti !" salutò e gli spiegò prima le diverse chiavi per le varie serrature e poi gli indico gli interruttori elettrici e quello del gas.
Intanto era arrivato anche l'uomo delle patate.
" Joe, vieni qui un attimo " lo invitò il vecchio ad avvicinarsi alla scrivania dei conti.
" My friend, da oggi in poi questi tre giovani saranno i nuovi proprietari e tu dovrai continuare a trattare con loro come facevi con noi. Mi capisci?"
"Si, va bene. " rispose quello.
" Venite qua – disse poi ai tre nuovi gestori - vi faccio vedere come si trattano i bisiniss. La merce si paga metà sporca, cioè dichiarata con fattura e con assegno bancario. L' altra metà è invece pulita, vuol dire a soldi contanti. Quello che pagate sporco ogni settimana, lo dovete far registrare dall'accaundante e ci pagherete le tasse. Quello che pagate pulito, ve lo registrerete in un libretto personale e l'incasso ve lo mettete da parte. Avete capito?
Qua non si lavora soltanto per la Regina. Bisogna pensare anche ai cazzi nostri!
Questo lo dovrete fare con tutti i fornitori, tanto son già tutti d'accordo. Non c' é problema.
L' importante è che dovete segnarvi tutto.
In poche parole, di quello che incassate ogni settimana, metà ve la tenete voi, l'altra metà la dichiarerete all'accaundante e su di questa pagherete le tasse da buoni cittadini scoccesi.
Sete capito, guagliò?"

Avevano capito!

Man mano che arrivavano i vari fornitori, iniziarono a far così, da allora e per sempre: metà assegni, metà soldi. Quando avevano accumulato abbastanza punti, li affidavano, con ricevuta scritta ai due vecchi, che avrebbero pensato ad investirli per loro.

Passarono giorni, fine settimana e mesi, roventi, tra i soliti insulti dei clienti ubriachi fucking Italian bastard, fucking hi ti ma loro continuavano, imperterriti, a macinare lavoro e ad accumulare punti.

Per i due vecchi era arrivata la manna dal cielo: il negozio andava a gonfie vele, l'affitto si accumulava settimana su settimana, i punti puliti che i tre giovanotti affidavano loro ogni settimana diventavano sempre di più.

Con questi soldi i due compravano altri fish & chips, dalle mani degli scoccesi che si ritiravano da quel lavoro stressante e puzzolente.

Ridavano una sistematina alla bene e meglio al locale e aspettavano l'affittuario successivo, senza fretta. Infatti non pagavano alcun interesse sulle somme acquisite, non avevano pressioni dal direttore di banca per ripagare il prestito: la somma da restituire era la stessa che era stata presa in prestito. E chi stava meglio di loro?

Intanto a Picinisco, i soldi ricavati dai prodotti ovini, venivano versati su libretti postali e qui maturavano, anno per anno, delle somme cospicue, dato l'alto tasso di interessi che ricevevano dalle Poste Italiane.

Tutto filava per il meglio.

L'esigenza di avere qualcuno accanto si faceva sentire sempre più e fu allora che Alfonso decise di sposarsi con Giuseppina, sua cugina carnale, sorella di Antonio.

I due si conoscevano sin dalla prima infanzia. Lei era una ragazza a posto, sapeva portare avanti una casa come una donna matura e non aveva mai avuto un ragazzo.

Lui non le avrebbe fatto mancare niente e poi parte di quelle pecore vendute erano anche sua proprietà, perciò anche lei aveva diritto a quella ricchezza accumulata.

Il matrimonio fu organizzato per la festa della Madonna di Canneto dell'anno dopo. Avrebbero chiuso il negozio per un mese. Non avevano altra scelta, non avendo chi lasciare a portare avanti il lavoro.

Giorgio, però, aveva già pensato di portare con loro al ritorno un paio di quei ragazzi di Valle Porcino. Li avrebbero addestrati bene al lavoro nelle loro friggitoria e in futuro anche loro, avrebbero potuto seguire le orme dei due vecchi padroni. Ciò che questi avevano iniziato, infatti, cominciava a scivolare dalle loro mani. I tre giovanotti avevano imparato bene la lezione e cominciavano ad essere intraprendenti e adesso volevano gestire il gioco.

Erano stufi di dover pagare quell'affitto settimanale. Ormai pensavano di aver accumulato abbastanza punti per comprare il locale dove lavoravano.

Parlarne con i vecchi non doveva creare alcun problema: non erano stati forse loro ad introdurli nei bisinis?

Era ora di rendersi indipendenti.

Antonio suggerì di aspettare dopo il matrimonio, tanto non c'era fretta.

Avevano saputo da alcuni fornitori che i due vecchi compravano i negozi. Forse, più in là, avrebbero potuto proporgli di acquistare loro un paio di quei locali, per espandere il bisinis.

L'idea non era malvagia. Avevano abbastanza punti. Non avrebbero avuto nemmeno problemi di mano d'opera, con l'arrivo dei nuovi garzoni dal paese. Decisero di aspettare per fare affari. Intanto c'era le nozze da celebrare.

Quando arrivarono in macchina al paese, i preparativi erano già in corso.

Le donne avevano fatto ciambelle e biscotti, per la serenata. Vino ce ne era abbastanza per ubriacare tutta la contrada che era stata ripulita ed addobbata a festa per l'occasione.

Dalle povere case usciva l'odore di tutto quel ben di Dio che era stato messo a cuocere. La festa sarebbe stata grandiosa e tutti ne avrebbero goduto. Perfino i cani scodinzolavano allegramente in attesa di qualche osso da scarnare.

I lumi ad olio illuminavano a malapena l'imbrunire che avanzava.

L'uomo con l'organetto suonava antiche melodie mentre i bambini gli ronzavano attorno, saltellando al ritmo della musica, Qua e là, gli uomini avevano cominciato a radunarsi per dirigersi verso la casa della sposa.

Una volta arrivati, Alfonso intonò una vecchia canzone d'amore mentre gli altri lo seguivano in coro, allegri e festosi.

Alle prime note, Giuseppina si affacciò alla finestra, appena illuminata dalla fioca luce proveniente dalla stanza ed ascoltò.

"Affacciati alla finestra bella mia,
c'è qui chi canta co nu' core infranto.
Affacciati alla finestra bella mia,
risana tu sto' core afflitto e stanco.
Sia beneditta mammeta c' ha fatto

sto fiore bello comme o' sole.
Sia beneditto patete c' ha ditto
Piglia sta figlia mia e statte zitto."
Al termine del canto, la ragazza gettò allo spasimante un
mazzetto di fiori per poi sparire nell'oscurità della stanza.
Ancora un po' di attesa.
La porta di casa si aprì e lei uscì accompagnata dal padre
e dalla madre.
La gente della contrada era tutta seduta a cerchio sull'aia.
I due giovani furono spinti uno contro l'altro dai genitori
e vennero presentati a tutti come gli sposi del giorno
dopo. Poi vennero fatti sedere accanto per ricevere le
offerte per l'abito da sposa.
Ognuno degli invitati deponeva una busta con del
danaro sul grembiule della sposa. Alla fine c'erano così
tante buste rigonfie, da far capire che si era accumulata
un grande somma per la dote.
A quel primo matrimonio tra cugini ne sarebbero
succeduti altri che avrebbe gettato le fondamenta per un
futuro tutto basato sugli scambi di proprietà e capitali,
sempre all' interno della stessa famiglia.
Dopo quel matrimonio semplice e antico ci sarebbero
stati matrimoni miliardari, incredibilmente lussuosi, un
vero oltraggio per chi lavora guadagna dosi da vivere ma
ostentati alla faccia di quei bastardi ubriaconi scoccesi .
Sarebbero cambiate anche le usanze, spostando i
banchetti per i fidanzamenti in Scozia perché il borgo
delle Fondidune sarebbe stato ben presto troppo piccolo
e misero per le esigenze pretenziose dei nuovi ricchi.

Si sarebbe recati da Damiano's, il cui proprietario era un affittuario di Antonio, che contribuiva in modo considerevole all'accumulo della ricchezza di quest' ultimo. Si vociferava che pagasse un affitto di oltre seimila punti a settimana. Tutti punti liquidi e puliti. Il modo in cui si svolgeva il banchetto era sempre il medesimo.

Si partiva dagli aperitivi.

" Mio cugino che tipo di aperitivo ha scelto? " chiedevano.

" Solo qualche cocktail analcolico e qualche crodino."

" Allora per me mettete due tipi di cocktail e crodini, bitter bianchi e rossi e, perché no? Pure qualche coppa di sciampagna. E di antipasto cosa gli avete preparato? "

" Un misto mare e monti " rispondeva esitante Damiano.

"Ahhh. Per me fatene due passate. Dovranno essere tutti meravigliati! Passiamo ai primi: che hanno scelto? "

A quel punto Damiano capiva le esigenze del cliente ed iniziava a giocare al rialzo: " Diciamo che suo cugino ha fatto una bella figura: gli abbiamo preparato dei tris di lasagne, cannelloni e fettuccine."

"A noi tutto questo e aggiungeteci pure qualche passata di ravioli fatti in casa e un paio di crepes ai funghi e carne. "

" Per la carne suo cugino ha voluto delle cose speciali: porcellini di latte al forno, una passata di quaglie e galletti farciti e abbacchio a volontà. Tutta roba di prima classe!"

" Non so che cosa è questo farcito ma se è buono fammi tutto farcito: porcellini, abbacchi, quaglie tutte farcite e alla fine pure una passata di capozzelle di agnello al forno. Ah, mettici anche un po' di salsicce alla griglia.

E di contorno voglio patate arrosto, purè di patate, funghi porcini, piselli con cipolla e pancetta e, non dimenticate, fai pure un po' di patate fritte che i ragazzini ne vanno matti.

Poi, puoi fare una passata di insalate: quella verde e ci metti anche la rughetta, l'insalata mista con cetrioli e pomodori. Poi prepari un po' di finocchi con sale e olio, un po' di sedano e cazzimperio. Mi raccomando, i ravanelli devono essere quelli lunghi e croccanti. Penso che così può bastare, che ne dici?

Ricordati che devi fare anche il bis! Non voglio che si pensi di noi che siamo dei poveracci! Passiamo al pesce, agli altri che gli hai offerto?"

A Damiano non sembrava vero di dover preparare un banchetto così ricco: "Abbiamo iniziato con una bella frittura mista, poi abbiamo servito trote al cartoccio, per ultimo una bella zuppa di pesce. Il tutto con contorni di vari tipi di patate e insalate."

" Ecco, io voglio cominciare con una bella zuppa di pesce, poi ci fai una bella grigliata di mazzancolle abbondanti, mi raccomando scegli quelle più grandi, poi ci fai una bella frittura mista.

E vedi di farmi dei bei salmoni al forno con un po' di trote. Preparaci un po' di seppiette affogate in salsa di vino e pomodoro, un po' di calamari ripieni e infine direi che ci vanno le ostriche al limone.

Ovviamente ci metti tutti i contorni della carne.

E che altro c'è?"

" Abbiamo servito del sorbetto, tanto per rinfrescare la bocca."

" Lo voglio pure io. Ma per noi ne fai due passate. E
frutta e formaggio, a volontà Mi raccomando voglio tanti
tipi di frutta: uva, cocomeri, meloni, pesche. E alla fine
un po' di noci. Ah e i fichi secchi, non te li scordare!
Tutto deve essere bagnato di vino a volontà, bibite per i
bambini e birra per tutti. Ma che sia la Peroni, mi
raccomando.
Alla fine la torta. L' ultima volta come l'hai fatta ? "
" Erano tre piani di torta, ripiena di crema pasticciera,
con frutta mista e panna."
" Eh, tre piani! Io la voglio di cinque piani. Ogni piano
un gusto diverso. Fai tu, mi fido. E per brindare voglio
lo champagne, poi gli amari e il caffè. Mi raccomando
per lo champagne, voglio solo Moet, capito?
Per il costo, sai che non devi preoccuparti perché
pagheremo in contanti. La ricevuta me la farai più
piccola, tanto per coprirci il culo sia io che tu. Stammi
bene, ciriò!"
" Ma guarda che tipi - pensava, tra sé e sé, Damiano -
sprecheranno tanto ben di Dio, solo per apparire più
scialoni degli altri. Ma che importa? L'importante è che
paghino bene. "
Questi sarebbero stati i pranzi di fidanzamento.
Per il matrimonio invece si sarebbe tornati giù al paese.
E allora serenate sempre più sfarzose. A cantare
sarebbero stati chiamati dei cantanti napoletani di
successo, che si sarebbero esibiti anche durante il
banchetto matrimoniale.
E ci sarebbero stati delle sfide per ingaggiare il più
famoso, il più celebre e perfino più di uno con la sua
orchestra.

Per il ristorante, la stessa prassi: tutto sarebbe dovuto essere più grandioso del banchetto precedente. Non si badava a spese o sprechi!

La carrozza coi cavalli bianchi per accompagnare gli sposi in chiesa sarebbe stata d'obbligo.

Per la cerimonia della dote, le cose sarebbero un po' cambiate: la sposa si sarebbe distesa sul letto, vestita di bianco, il marito, alle spalle di lei cingendola alla vita e per tutta la serata avrebbero raccolto offerte per l' abito nuziale.

Le buste arrivavano a contenere centinaia di migliaia di sterline e si sarebbero accumulate, sempre più, sul letto.

Alla fine al culmine dell'ostentazione, i soldi non sarebbero più stati messi in una busta ma lanciati sul vestito della sposa in modo plateale, in modo da innescare una gara al rialzo.

Si raccoglievano così cifre esorbitanti, alla faccia della povertà.

All'indomani di un tempo futuro, su un quotidiano ciociaro, verrà pubblicato un articolo intitolato " un milione di euro sul talamo nuziale "

E poi nell'occhiello: " Per festeggiare le nozze lanciano sul letto degli sposi novelli denaro e certificati immobiliari per un ammontare stratosferico.

Un matrimonio destinato a lasciare il segno, quello che si è svolto in paese. Ad unirsi nei voti sponsali, una coppia di fidanzati, residenti in Scozia, dove i loro genitori hanno fatto fortuna lavorando nelle friggitorie. "

Per il cronista, la cosa strana, era il fatto che i due portassero lo stesso cognome, non sapendo che queste unioni tra consanguinei si protraevano ormai da tre generazioni. Tutto perché le ricchezze restassero in famiglia.

L'articolo concluderà: " Gli invitati, riuniti nella camera nuziale, hanno iniziato a gettare sul talamo, dov'era sistemata la coppia, le chiavi di lussuose autovetture e denaro in contanti ma soprattutto, certificati di proprietà immobiliari. Il resto, accumulato con le offerte di tutti i presenti hanno reso il peso del letto insostenibile, per un ammontare della bella cifra di un milione di euro."
Sempre la stessa storia: alla faccia di quei poveri scoccesi !
Ma questo sarebbe accaduto qualche decennio dopo.
Il matrimonio di Alfonso e Giuseppina fu celebrato ancora in modo tradizionale.
In quel periodo si decise che molto presto Giorgio si sarebbe sposato con la sorella di Alfonso e Antonio con la sorella di Giorgio.
Intanto bisognava rientrare in Scozia per riorganizzare il bisiniss.
Come stabilito, Giorgio aveva contattato due giovani della valle Porcino e si era concordato che sarebbero partiti con loro.
Invece i due sposi andarono in luna di miele a Caserta e a Napoli e da Capodichino decollarono per la Scozia.
Fu quando tutti rientrarono e si incontrarono con zi' Vittorio ed il fratello, che tutti si resero conto di quanto quei due vecchi avessero lucrato sul loro lavoro.
" Zi' Vittò, con tutto il rispetto per voi e vostro fratello, abbiamo bisogno subito di tutti i punti che vi abbiamo consegnato - esordì Alfonso - perché vogliamo comprare, oltre al vostro, altri due negozi."
" Ma che vi succede? L' aria fina delle Fondidune vi ha dato alla testa ? " rispose, questi, sorpreso e indispettito.

" Non dovete prenderla a male - continuò il giovane - siccome anche i miei cugini hanno deciso di mettere su famiglia, abbiamo pensato che fosse meglio che ognuno di noi avesse il proprio shop. Non vi pare?"

Il vecchio, preso alla sprovvista pensò di prendere tempo e sviare il discorso: " Va bene. Ma, dimmi un po', come stanno i vostri genitori? Io sarei venuto con tutto il cuore al tuo matrimonio, purtroppo lo sai quello che è successo a mia moglie. "

" Ho sentito ma cosa è stato, di preciso?", si informò Alfonso.

" Per grazia di Dio, niente di grave. Adesso si sente meglio, il dottore ha detto che deve cambiare un po' l'aria. Penso che per la prossima Pasqua, la porterò giù al paese. La nostra e tutta un'altra aria, o no?"

Per forza, non stava bene: solo casa e bottega, giorno dopo giorno. Usciva giusto la domenica mattina per andare a messa. Era sempre pallida.

A lui aveva sempre dato l'impressione che, qualche giorno, cadendo, si sarebbe potuta rompere e andare in pezzi, come una bambola.

Povera zia! Che cazzo, con tutti quei soldi, le avrebbe potuto far fare una vita migliore. Ma che vuoi farci?

Aveva, poi, solo quelle due figlie che non riusciva a maritare. Nessuno gli andava bene, nessuno le voleva, ma vedrai arriverà qualcuno che non baderà alla bellezza ma penserà ai punti ,allora sì i soldi dell'avaro se li mangerà lo scialone, vedrai!

" Per grazia di Dio, anche i miei stanno tutti bene - continuò il giovane - ma adesso pensiamo a noi.

Non voglio mancarvi di rispetto, però pensiamo che anche noi abbiamo diritto ad essere indipendenti.

Abbiamo saputo che siete proprietari di due nuovi negozi ed abbiamo pensato che è meglio far guadagnare a voi un po' di punti invece di andare da qualche scoccese: dopotutto voi siete i soli che hanno avuto fiducia in noi."

" E' giusto! - annuì il vecchio, che nel frattempo aveva calcolato quanto avesse investito dei loro punti e, aggiungendovi un cospicuo guadagno, gli fece la richiesta di una grossa somma, tanto quelli avrebbero accettato comunque.

E così fu.

In poche parole, cedendo loro i negozi a costo maggiorato, non fece altro che guadagnare, senza aver investito alcunché.

Tutto fu concluso con una stretta di mano.

Accolta la sua richiesta e concluso l'affare, i tre se ne tornarono al negozio, consapevoli dell'abuso subito e una volta lì presero una decisione che avrebbe cambiato, certamente nel tempo, il loro rapporto con quei due strozzini.

" Dovevamo accettare per forza - continuava a ripetere Alfonso agli altri due - come si poteva rifiutare? Quei punti che abbiamo pagato, non erano legittimi. La legge sarebbe stata dalla loro parte. Ma non importa: i panni sporchi te li lavi in casa tua. Vuol dire che, da oggi in poi, ci terremo i nostri punti e, quanto saranno abbastanza, li porteremo in Italia e li verseremo, in parti uguali, sui nostri libretti postali.

Di certo guadagneremo di più e così nessuno potrà trovarli e nessuno potrà fregarceli. In quanto alle pecore, sui nostri monti ci sono ancora lupi e orsi ma anche se non ci fossero quelle povere bestie potranno sempre fare una brutta fine. Ok ? " sentenziò rivolto agli altri due.

"Ok - risposero - da oggi in poi penseremo solo ai cazzi nostri!"

E così fu. Quei negozi erano diventati una zecca, producevano soldi a più non posso: gli incassi aumentavano sempre e i punti puliti diventavano sempre più ingombranti. Di solito, al momento delle partenze verso il paese, le mogli venivano adibite a trasporto valuta.

Indossando una panciera, la riempivano di mazzette, riuscendo a trasportare fino a 5.000 punti.

Il tutto veniva posto in modo tale che tutto fosse omogeneo, senza protuberanze: le femmine erano già cicciottelle, un po' di pancia in più non avrebbe dato all'occhio. Forse avrebbero sofferto un po' ma da lì a poche ore oltre la Manica si sarebbe potuto rilassare, dopo essersi liberate di quella panciera ingombrante.

I figli da una panza nascono e da una panza mangiano.

E poi valeva la pena rischiare: quella era tutta la loro ricchezza. I viaggi in Italia divennero sempre più frequenti.

Le casse postali giù al paese, piene di somme illegali, producevano profitti legali.

Con un rapido calcolo si poteva ipotizzare che un solo negozio incassasse soltanto 4.000 £ a settimana, la metà di questa somma veniva messa, producendo un ammontare netto e pulito, di 104.000 £ all' anno. Poiché ognuno aveva un proprio negozio, quella somma diventava 312.000 £ all' anno. Se si moltiplica il tutto per 10 anni, i risparmi al solo netto del capitale arrivavano a 3.120.000 £.

Ma nel giro di una ventina di anni, i negozi erano aumentati a dismisura e così i loro capitali.

Ma ben presto decisero di dividersi ed ognuno sviluppò il proprio bisinis.

Antonio, dei tre pecorai di Picinisco venuti in Scozia, era diventato un pescecane, non un lupo!

Azzannava di tutto, purché potesse fare profitti: merce rubata, merce truffata, assegni a vuoto, trattava di tutto.

Da quel magrolino che era stato, ormai era diventato bello tondo, come una botte ma di quelle di alto contenuto.

Oltre all'aria anche il buon cibo aveva contribuito al suo aumento di peso. L'unica differenza con gli altri, era la sua altezza. Per il resto, ciccia e pesantezza, l'avevano in comune.

In Scozia era diventato il proprietario di una ventina di Fish & Chips.

Giù al paese, invece, aveva comprato molte proprietà immobiliari. A Cassino, era proprietario di interi palazzi che variavano dai cinque ai sei piani, con quattro appartamenti a piano, tutti in affitto garantito. Si parlava anche di un grande albergo a Suio, la città termale.

A dir la verità, nessuno poteva sapere con esattezza quante fossero le sue proprietà. Per poterne valutare la quantità, si sarebbe dovuta fare una approfondita indagine catastale.

Comunque sta di fatto che un giorno pagò cara la sua ingordigia.

Era uscito su tutti i quotidiani scozzesi: Ricco e benestante uomo d'affari italiano, ferito gravemente, durante una tentata rapina.

L' articolo parlava di tre balordi che si erano presentati a casa sua, con la scusa di cercare lavoro ma una volta entrati in casa, fatto strano, di sera poi, dimostrarono le loro vere intenzioni e tirate fuori le armi, tennero la moglie sotto tiro e pretesero la consegna di tutti i soldi che erano in casa. Lui con un gesto eroico, se si può dire così, si era gettato sull'uomo che lo minacciava con una canna mozza, tentando di sventare la rapina. I suoi soldi non si toccavano!

La moglie era rimasta lì sotto tiro, tremante e gridando "Dagli tutto, non farti ammazzare! "

Ma lui, niente. Non lasciava la presa.

Involontariamente, partì un colpo che gli maciullò una coscia.

A quel punto i tre se la diedero a gambe ma vennero arrestati qualche giorno dopo. Durante gli interrogatori lui negò di conoscerli. Era molto strano che la polizia fosse risalita ai criminali così velocemente. Questo era ciò che i giornali scrivevano.

La verità, come al solito, era tutt'altra.

E cioè Antonio aveva comprato del whiskey e della vodka da un gruppo che faceva parte di una famiglia, di "brava gente" di Wishaw.

Come al solito aveva stracciato i prezzi a più non posso. Una volta scaricata e controllata la merce, no problem, nessun problema, si sarebbero consegnati i punti al momento, alla persona responsabile. Ma proprio allora sorsero i problemi.

Più volte sollecitato, aveva sempre rimandato gli appuntamenti.

A qualcuno che gli aveva suggerito di sistemare le cose, aveva risposto, sempre con i suoi modi arroganti " Lascia stare, non ti immischiare. Devono soltanto aspettare, li pagherò, li pagherò. Per adesso devono solo aspettare. E poi, a chi vanno a rivolgersi? Alla polizia? Lo sai che non possono farlo. E' merce rubata - e continuando - il ritardo è dovuto al fatto che io, per adesso, non posso usarla, scotta troppo. E se devo aspettare io, per metterla in commercio, possono aspettare anche loro per i punti che gli devo."

Era testardo come un mulo!

" Ma come cazzo ragioni? – cercavano di farlo ragionare - il bisiniss lo hai fatto perché ti conveniva, o no? "

" OK, mi conveniva e allora? "

" Allora è meglio per te, se metti tutto a posto. Quelli non scherzano ! Non pensare di avere a che fare con i soliti ladri di galline. Se questi si rompono il cazzo, saranno cazzi acidi per te. Io ho voluto avvisarti. Maledetto il giorno che ti ho fatto da tramite! E poi, quando ti troverai nei guai, non correre a cercare aiuto. Questa volta nessuno sarà disposto ad ascoltarti! "

Non lo avrebbe mai creduto, fino a quella fatidica sera. Arrivarono a casa sua e lui ebbe la faccia tosta di farli accomodare e offrir loro del caffè.

" No, grazie - fu la risposta - siamo qui per essere pagati. Niente caffè, solo soldi ! "

" Calma, calma - cercò di tranquillizzarli lui - datemi un paio di giorni e sistemeremo tutto."

" Niente da fare. Hai già preso troppo tempo! Ci è stato ordinato di prendere solo i soldi e basta ! " Ma lui sembrava non capisse. Fu allora che, mentre uno di loro bloccava la moglie, per tenerla lontano dal telefono, un altro sparò ad Antonio ad una gamba. Il colpo fece un casino del diavolo. Il sangue spruzzò con una forza tale che raggiunse il volto dell'aggressore più vicino. Fu un attimo. Antonio cadde riverso sul pavimento tenendosi stretta la gamba. Il dolore cominciò ad essere lacerante. Nemmeno il tempo di accusarlo e quei giovani se l'erano già data a gambe.

Li conosceva bene, come se non li conosceva! Erano stati loro a consegnargli la merce! Ecco perché la polizia li rintracciò subito: era stato lui a denunciarli! Quello sheepshagger del cazzo, a rischio di farsi ammazzare, non pagò un pence di quel debito!

Si dice che, da quel giorno, vuoi per il fatto che non camminasse più bene, vuoi per la paura di essere ancora pizzicato, ritenne più opportuno tornare giù al paese, tra i monti dell'Appennino molisano, lontano dai guai!

Eppure lui era stato uno a cui piaceva giocare sul sicuro. Non si era mai invischiato in giochi pericolosi ed aveva trattato sempre e solo bisiniss nel settore della ristorazione, affittando i locali prevalentemente ai nuovi immigrati marocchini, dai quali pretendeva oltre all' affitto anticipato di sei mesi, la consegna del passaporto, per evitare spiacevoli fughe con fatture e bollette da pagare.

Gli affitti poi erano sempre gli stessi, ogni negozio gli rendeva 2.000 £ a settimana mentre la sala sala da banchetti pagava un affitto di circa 300.000 £ l'anno. A tutto questo andavano aggiunti i profitti ricavati dai tre locali, Spaghetti house, che gestiva personalmente con l'aiuto dei suoi due figli e la moglie. Questi locali erano una vera manna caduta dal cielo.

Il primo lo aveva rilevato da un certo Mario, in società con Giorgio. Qualche anno prima, Mario ebbe l'idea di portare in Scozia la propria madre a lavorare nella cucina del suo locale. Qui producendo quel qualcosa di nuovo, ovvero prodotti gastronomici caserecci italiani, riuscì a mettere su una miniera d'oro.

Mario's era presto diventato il nuovo punto d' incontro dei giovani nottambuli che, a quell'ora della notte, dopo la chiusura dei pub e dei locali notturni, per sfumare il troppo alcol ingurgitato, si riempivano lo stomaco con un qualsiasi cibaria disponibile.

Mario's divenne il loro posto preferito e siccome il locale, a malapena, poteva contenere una decina di tavoli, il proprietario ebbe l'idea di aprire una finestra sulla strada in modo che da poter servire da lì del cibo da asporto, mantenendo i suoi molti clienti sul marciapiede, senza che quelli entrassero, ad intralciare il servizio nella piccola sala.

Le file si formavano su entrambi i lati, una per avere un tavolo ed un'altra per comprare un carryout.

Il weekend era sempre una continua lotta: molti clienti approfittando della confusione, che veniva a crearsi, cercavano di fuggire per non pagare il conto.

I camerieri che li rincorrevano per farsi pagare dovevano ingaggiare una rissa con loro. Il più delle volte a rimetterci sempre il povero cameriere che aveva servito il tavolo perché dopo aver ricevuto botte, doveva anche pagare il conto dei clienti fuggiaschi che aveva servito. Era sempre la stessa storia, con la musica assordante delle canzoni napoletane che copriva gli ordini urlati dai camerieri e le loro grida "Prendilo, quello fugge!"

Tutti sopportavano quell'andazzo, sia il padrone, per i grandi incassi che faceva che i camerieri, per le abbondanti mance che riuscivano ad accumulare durante la settimana e poi era facile imbrogliare quegli ubriaconi caricandogli spese inesistenti sul conto.

Le paghe erano sempre minime: metà veniva pagata in busta,quindi tassabile, l'altra metà veniva pagata fuori busta, in nero. Il loro vero stipendio lo raggiungevano con le mance.

Tutto sembrò durare come le meteore nella notte di S. Lorenzo.

Infatti, un bel giorno,il proprietario sparì e i nuovi gestori continuarono alla vecchia maniera.

Si seppe, poi, che quei nuovi padroni, avevano rilevato il locale, con un paio di centinaia di migliaia di punti, pagati in tranche, direttamente in Italia, dove il bravo Mario, era rientrato, fuggendo per non pagare le tasse evase.

Si disse, anche, che questi non riuscì a prendere tutto la somma stabilita e né poté pretenderne il rimanente, in quanto il loro accordo non era dimostrabile. Era bastata una stretta di mano che però si rivelò fasulla.

Insieme a Giorgio, Antonio aveva comprato un locale accanto al Mario's del quale potenziarono la ricettività, aumentando i tavoli, fino a trenta e con questi moltiplicarono gli incassi.

La gestione degli affari ed il volume di somme che versavano sui loro conti bancari, facevano sì che qualunque loro richiesta di prestito fosse rapidamente esaudita dalle banche, senza troppi impedimenti.

Ciò significava che, oltre ad evadere le tasse coi loro modi disonesti, potessero defalcare, dai loro introiti tassabili, le somme ricevute dagli istituti di credito, in modo legale.

Sarebbe stato impensabile prevedere un futuro tanto prospero e perfino impeccabile sia sotto la gestione che l'amministrazione, per dei giovani pecorai cresciuti guardando i culi delle pecore sui monti. Con il tempo, le loro famiglie sarebbero cresciute ed anche la loro voracità non sarebbe stata da meno.

Quando si separarono, dividendosi i locali ed il capitale, gli sheepshaggers iniziarono una sfida al rialzo, perché, da allora in poi, si sarebbero fatta una concorrenza spietata su ogni affare nel quale erano coinvolti.

Erano finiti i giorni delle pecore: da allora in poi si sarebbero sbranati come lupi, in barba ai legami parentali e di amicizia.

Non si badava a niente, l'importante era fare più affari dell'altro. Anche giù in paese, accadeva la stessa cosa. Infatti, tutta la zona di Villa Latina, a valle delle Fondidune, era diventata la nuova Svizzera: la banca locale era stracolma di liquidità, accumulata con le loro cospicue rimesse.

Vennero costruite splendide ville, una più grande dell'altra, che venivano usate soltanto per un paio di settimane all'anno.

Fu allora che i figli dei tre iniziarono a gestire parte degli affari ed il lupo perde il pelo ma non il vizio!

Ormai si seguiva una via obbligata e senza più pudore, dei matrimoni tra consanguinei.

Fin quando vi era disponibilità di femmine e maschi, i matrimoni si sarebbero fatti, sempre, tra cugini: un giovane avrebbe sposato la propria cugina in seconda che a sua volta era già figlia di cugini in prima e così via, fino all'esaurimento dei candidati.

Col tempo, però, iniziarono a manifestarsi problemi comportamentali e fisici nella prole.

Qualche giovane cominciava a soffrire di impotenza sessuale ed i matrimoni duravano appena il tempo di qualche anno.

Era il sangue, infatti, mischiato con lo stesso sangue d'origine, che cominciava a dare dei frutti malati.

D'altronde la natura è natura e i soldi di quella gente, per quanti ne avessero, non avrebbero mai potuto cambiarne il corso.

Ma loro no, imperterriti, continuavano a sfidare la natura fino all'estremo.

Era loro usanza, ogni volta che tornavano giù al paese, tenere una grande festa per favorire quei fidanzamenti, nella piccola contrada. All'inizio nessuno estraneo poteva intervenire ma col passare degli anni, finite le scorte di possibili pretendenti alle nozze, cominciarono a far entrare anche quelli della Valle Porcino.

Si aveva bisogno di carne nuova, la loro cominciava a scarseggiare così incominciarono ad intrecciarsi anche con l'altra sola famiglia di quella contrada che abitava fuori del paese, in una gola senza sfogo, lontano da Dio e dagli uomini.

Ci furono i primi matrimoni extrafamiliari, se così si può dire. Ma si convenne che non si allargassero le unioni ad altri gruppi familiari, altrimenti i capitali investiti sarebbero potuti andare persi nelle mani di estranei.

Nacque un nuovo sangue misto, capace di restare, inalterato, per un altro paio di generazioni, dopodiché, anch'esso si sarebbe annacquato, perdendo forza ed equilibrio naturale.

Anche in Scozia, le cose cominciarono a cambiare: nascevano nuovi negozi ad ogni angolo di strada, con nomi altrettanti nuovi e diversi dai soliti scoccesi e pakistani.

I nomi che all'inizio erano generici e richiamavano le loro origini, come Bella Napoli, Sorrento, Marechiaro, Positano, Caprice, Bar Italia, Ciao Roma, Bar Roma. Con il passare degli anni, cominciarono a cambiare, nei nomi dei proprietari, come Mario's, Da Pasquale, Giuliano's, o Gordon's Trattoria.

La maggior parte di quei locali appartenevano a quei giovani che, dopo aver lavorato per alcuni anni nei vecchi locali, avevano deciso di mettersi da soli e, più di qualcuno di loro avevano usato i capitali, prestati loro con gli interessi, dai vecchi sheepshaggers.

Sembrava che il mondo dipendesse da loro.

Intanto, quei tanti intrecci tra famiglie, inevitabilmente, cominciarono ad apportare nuovi problemi e tensioni.

Un giorno Giorgio si vide costretto a ricorrere ad un italiano che aveva conosciuto per risolvere un suo problema. Il tipo chiamato Totonno, era diverso dagli altri. Era uno che sapeva vedersi i cazzi suoi.

Giorgio lo invitò nel suo ufficio di Dalkeith, con fare da persona non interessata ai fatti, gli propose di fare un favore, ad un suo conoscente.

" Devi capire, caro amico, che quello che ti chiederò, è un favore per un mio amico, non per me.-esordì lui - Questo mio amico ha un problema con il genero. Che devo dirti? Questo genero ha incominciato a farsela con una scoccese che lavorava nel suo shop. La moglie lo ha scoperto e lo ha lasciato. Il problema è che adesso il mio amico rivuole indietro, ciò che è stato dato come dote."

" Spiegatevi meglio – lo interruppe l'altro - non capisco!"

" Va bene - continuò Giorgio - Devi sapere che è nostra usanza, quando ci si sposa, che entrambe le famiglie mettano a disposizione della coppia dei beni comuni. In poche parole, uno regala loro un negozio, l'altro invece dà la casa dove andare ad abitare. Questi sono beni che appartengono a tutte e due le famiglie. Vuol dire che, se per disgrazia i due dovessero separarsi, i beni dovranno tornare alle famiglie donatrici ! "

" Ho capito - sentenziò Totonno - ognuno si riprende corna e cose! "

" Vabbè. E' così! Purtroppo sono cose che succedono - continuò l'interlocutore, quasi mortificato – ecco perché questo mio amico vorrebbe sapere quanto gli costerebbe far dare una lezione a questo genero sciagurato."

L'altro, sentendo odore di punti, andò subito al dunque: "Dipende. - prese a dire, con modi di chi sa quel che dire e fare - Qua non si tratta di vendere una pizza o un piatto di pesce e patate. Qua si tratta di dare una sistematina a questo giovane. Perciò, questo vostro amico, deve dire lui, quello che vuole che si deve fare e poi qual è la sua offerta?

Io non so che rispondervi. Voi mi capite? I guai non sono i miei e nemmeno i soldi da spendere.

Mica posso fare i conti in tasca al vostro amico. Ognuno sa le proprie disponibilità, non vi pare ?"

L'altro, non sapendo che rispondere: " Ok. Diciamo che io posso decidere per lui. - continuò così, per convincerlo - Se facciamo un bel lavoro,in modo che quel disgraziato debba stare in ospedale per un paio di settimane, quanto può costare? Pensaci bene. Devi sapere che questo mio amico è benestante come me, non è un morto di fame ma non approfittare. Devi trattarlo come se trattassi con me. Mi hai capito? "

" Ok. - fu la risposta dell'altro - allora, vediamo un po': bisogna seguirlo per qualche tempo per vedere dove se la fa e questo ha un costo. Bisogna trovare una macchina rubata, così non si potrà risalire agli autori, e anche questo ha un costo. Ci vogliono un paio di ragazzi in gamba per fare un buon lavoro. Diciamo - ci pensò per un attimo - che il tutto si potrebbe fare con un paio di migliaia di punti. Beninteso, metà in anticipo e metà a lavoro fatto! C'è da dire che io non voglio conoscere nessun' altro. Me la vedrò solo con voi. "

Giorgio cercò di tirare sul prezzo: " Cerca di fare un prezzo più basso, fallo per me. Ti ho trattato sempre bene. Quanta merce ho comprato da te? Ho mai detto no, ad ogni tua richiesta? "

" Ok, - fu la risposta - ho capito - e continuò - Ma vi
posso dire una cosa? Vedete, se il lavoro fosse stato per
voi, ve lo facevo gratis. In questo caso è per uno che non
conosco ed è capace che, se un domani mi dovesse
incontrare per strada, non mi guarderebbe nemmeno in
faccia. Lasciate stare, il prezzo che vi ho chiesto non è
esagerato. Io l' ho basato sulla nostra amicizia, altrimenti
gli sarebbe costato molto di più!"

A questo punto, non potendo uscire allo scoperto per
non fargli capire che il problema era il proprio: "Ok –
disse il vecchio lupo - mi prendo io la responsabilità.
Domani mattina, quando mi porterai il vino che ti ho
ordinato, ti farò trovare l'anticipo ma mi raccomando, fai
un bel lavoro. Lo sai quanta gente conosco io ? Non si
sa mai, potresti servire a qualcun altro. Ci vediamo
domani." Concluse contento, in cuor suo.

"A domani - salutò Totonno - e fatemi trovare
l'indirizzo, qualche fotografia e il nome dello shop, dove
lavora questo giovane. Per il resto non dovete
preoccuparvi, lo sapete, state in buone mani."

Giorgio era contento. Finalmente aveva trovato il modo
per fargliela pagare, a quel mascalzone del nipote. Sì, era
proprio suo nipote, figlio di suo cugino. Ma da quel
momento sarebbero stati cazzi suoi. Giorgio, aveva
trovato la persona giusta e si sarebbe potuto prendere
una bella soddisfazione.

Tutti parlavano di questo Totonno come di uno che
sapeva farsi rispettare e poi lui lo conosceva. Era già da
qualche tempo che facevano affari insieme ma non
avrebbe mai pensato che, un giorno, avrebbe avuto
bisogno di lui.

Quest'uomo poteva procurare di tutto. Da lui si comprava tutto in nero e poi i suoi prezzi erano eccezionali. Ormai quasi tutti gli Italiani compravano da lui e questi sapeva come trattare con loro. Aveva capito che erano tutti gelosi, l'uno con l'altro perciò se voleva piazzare delle merci ingombranti, le proponeva ad uno con riserva che, se gli rifiutava l'offerta, avrebbe proposto lo stesso affare al cugino o ad altro parente.

A questo punto, pur di non far favorire l'altro, l'affare andava in porto.

E poi, di quest'uomo, gliene aveva parlato bene, anche suo cugino Angelo, lo zio di suo genero.

Tempo addietro Angelo aveva avuto dei problemi con i propri cognati, subito dopo la morte della giovane moglie durante il parto.

La cosa sembrava così compromessa che, non sapendo cosa fare, fece venire dal paese l'anziano padre per trovare, insieme, il modo di azzittire tutte quelle maldicenze che si raccontavano sul suo conto.

Fu uno dei suoi lavoranti a consigliargli di incontrarsi con Totonno.

L' appuntamento fu fissato in un pub che questi gestiva ad Edinburgo: era un sottoscala sulla High Street, la strada che conduceva al castello.

Quando arrivarono, il locale stava per chiudere. C'erano infatti soltanto gli impiegati che stavano finendo di dare una sistemata, in modo che, al mattino dopo, tutto sarebbe stato a posto per iniziare a lavorare. Vennero fatti accomodare in un tavolo in un angolo un po' buio, dove sarebbero stati tranquilli, senza che nessuno potesse disturbarli. E gli venne offerta una birra fresca.

Angelo era un tipo tondo e grassottello, non troppo alto. Era uno di quei tipi senza collo; il vecchio padre era invece asciutto come un'aringa, con il cappello sulle ventitre ed odorava ancora di caciotte stagionate.

L'amico comune che li accompagnava faceva da intermediario: " Don Antò, queste sono le persone di cui vi avevo parlato - e indicandoli - questo è il mio padrone Angelo e questo è il padre."

" Salve a tutti - fu la risposta di Totonno e, dopo essersi strette le mani, chiese - cosa posso fare per voi ? "

" Dovete sapere - riprese Angelo - per prima cosa, che io ho perso mia moglie da circa un anno. Ho due creature piccoline e non avendo chi possa badare a loro e alla casa, ho pensato di risposarmi.

Ed è, da qui, che iniziano i miei problemi. Adesso vi racconto!

I miei cognati e cugini mi stanno calunniando verso tutti i familiari e vanno in giro dicendo a tutti: non si mette vergogna, la moglie è ancora calda sottoterra e lui già pensa a risposarsi. Questo vanno raccontando in giro. Non è una bella cosa da fare. Se continuano così, posso pure perdere questa donna che mi vuole. Lei non è nostra parente:la sua famiglia viene dalla Toscana. Forse è per questo che mi stanno calunniando.

Loro hanno un'altra sorella e sicuramente non sarebbero dispiaciuti se io la sposassi. Ma quella è ancora piccerella. Come può portare avanti una famiglia. Mi capite?"

" Ho capito. Ho capito! Ma voi che volete che faccia?"

"Mi è stato detto, dal nostro amico qui presente, che voi sapete come fare per azzittire i miei cognati. Lascio fare a voi, fate come volete voi. L'importante è che la smettano. Fate voi!

Però mi dovete dire quanto costa il vostro scomodo"-
concluse Angelo.

" Sentite, per il rispetto dell'amico presente, posso farvi
un trattamento speciale. "

Ci pensò un attimo e poi " Ecco: mettete mille punti sul
tavolo e tornatevene a casa! Al resto ci penso io.
Piuttosto ditemi dove debbo venire a prendere gli altri
mille, che mi dovrete, a lavoro fatto." E rassicurandoli –
" Potete stare tranquilli, non vi daranno più fastidio!
"concluse Totonno.

Angelo rimase per un attimo indeciso sul che fare, fu un
attimo, non sapeva che fare ma fu il vecchio padre che
intervenne deciso.

" Metti i punti sul tavolo - disse con tono perentorio - fa
come dice don Antonio, lui sa quello che deve fare! Tu
pensa solo a lavorare e alla tua nuova famiglia, lascia fare
a chi sa fare." E rivolto all'uomo - li dovete scusare,
questi giovani, a volte non sanno come comportarsi."
E poi al figlio " Di' pure a don Antonio dove dovrà
venire per il resto dei punti. Ok? "

A malincuore, Angelo depositò la somma stabilita e,
dopo aver dato all'uomo le informazioni dovute, sui
cognati, " Ci possiamo vedere al mio shop a Broxborn.
E' l'unico Fish & Chips del paese. Non vi potete
sbagliare. Mi raccomando, però, non voglio nessun
problema. " disse in un modo, quasi autoritario, come
per comando.

A quel punto l'altro si alzò e prese i punti e con fare da
offeso. " Scusate, io non ho bisogno dei vostri soldi - e
rimettendoglieli in mano - la bevuta è alla mia salute.
Non importa: i migliori affari sono quelli che non si
concludono. Ognuno per la sua strada. "

Si alzò, fece per andarsene, quando il vecchio intervenne di nuovo, ammonendo il figlio e scusandosi ancora una volta, con l'uomo: " Non date retta, prendete i punti, ve l'ho già detto, certe volte i figli buoni sono soltanto quelli delle pecore: quando sono ancora piccoli li macelli e li cucini alla brace. Fatelo per me,un giorno, non si sa mai, ci rincontreremo e vi dimostrerò la mia amicizia" Sembrava sincero ed imbarazzato.

A quel punto, ripresi i punti, Totonno li accompagnò all' uscita

" Mi raccomando a te, stai pronto!" disse rivolgendosi ad Angelo e, dopo l'ultima stretta di mano, si congedarono con una semplice buonanotte.

Era un lavoro semplice.

Mandò due suoi amici scoccesi la sera stessa, a sfasciare la vetrina dello shop situato lungo una via oscura, dalle parti di Newheaven, il porticciolo dei pescatori. Il locale era pieno di avventori, in fila, per la fish supper. Bastarono due grosse spranghe di ferro gettate, con forza, contro il vetro e questo andò in frantumi, rumorosamente. All'interno rimasero schioccati, non ebbero nemmeno il tempo di rendersi conto dell'accaduto.

Uno di due giovani ammonì quelli all'interno "Da oggi in poi pensate ai fatti vostri, lasciate stare la brava gente, altrimenti la prossima volta saranno le vostre teste ad essere rotte!" gridò al proprietario, con fare minaccioso, poi, precipitosamente, se ne uscì, scomparendo nel buio del lungomare.

Dopo una mezzoretta: " Tutto a posto " fu il messaggio lanciato da una cabina telefonica.

Il giorno dopo Totonno, puntualmente, si recò al Fish & chips di Angelo, per riscuotere quanto pattuito.

" Ma come? Già avete fatto ? - chiese con sorpresa quest'ultimo - Io non ho saputo niente? "

" Ma che volevate, che io dicessi chi aveva ordinato il lavoro? Se volete faccio ancora in tempo a mandargli un'altra ambasciata. – e vedendolo ancora titubante - Come volete voi. Per adesso, però, datemi quanto stabilito. Poi andate voi ad informarvi di quanto accaduto, Ok? "

Era deciso e non aveva tempo da perdere.

L'amico comune intervenne per assicurare Angelo.

Questi pagò, di malavoglia e l'altro, appena avuto quanto gli spettava, lo liquidò con queste parole.

" La prossima volta, andate da qualcun altro! " E se ne uscì, senza salutare.

Sarebbero dovuti passare degli anni per scoprire la verità su quella spedizione punitiva.

Infatti, Totonno, lo venne a sapere da Alfonso.

Il problema di Angelo non erano i cognati: quel pezzo di sego ne aveva combinata una di quelle molto sporche.

La vera storia era che, il giorno del funerale della moglie, fu trovato, di sera, in cucina ad amoreggiare con la giovane cognata.

Scoppiò il finimondo. Mancò poco che, invece di uno, si celebrassero due funerali ma per mantenere intatto l'onore della giovane, tutto fu messo a tacere, col proposito di sputtanarlo sotto altre forme. E quel porco si voleva anche far mantenere.

Ancora dopo tanto tempo, ogni volta che Totonno incontrava quella povera gente, che aveva ricevuto il danno, si sentiva sempre mortificato per quello che aveva fatto.

Erano cose strane, che accadevano tra gente strana, gente di montagna che ragionava solo con la tasca: i punti erano la cosa più importante!

Per i punti si sarebbero fatti ammazzare, per i punti si erano talmente intrecciati tra loro da non riuscire più a capire se uno era cugino dell'altro e di chi: tre nonni, fratelli, avevano generato una mandria di consanguinei.

Qualche tempo dopo dovette sistemare il genero dell'amico di Giorgio. Questi aveva aperto un piccolo ristorante italiano, a fianco del Fish & chips conteso in un paesino, non lontano dalla città.

Totonno lo fece avvicinare dai suoi, con la scusa di volergli vendere delle merce. Dovevano proporgli degli affari fittizi, a prezzi sballati, in modo che reagisse con disprezzo e così avrebbero trovato la scusa per menarlo. Si era quasi giunti al punto di rottura quando, ad un tratto, entrò Angelo che riconobbe uno dei figli di Totonno.

" Come sta tuo padre? " gli chiese avvicinandosi al tavolo dove erano seduti.

" Se dovete fare affari con mio nipote - continuò - cercate di trattarlo bene, mi raccomando!"

" Non vi preoccupate - gli fu risposto - buono a sapersi della vostra parentela ma questo giovanotto a chi appartiene?"

" Questo è il figlio di mio fratello e poi, di sicuro, dovreste conoscere il suocero, meglio a dire, l'ex suocero, Giorgio da Dalkeith."

Cazzo, allora Giorgio voleva fare il furbo.

" Che volete dire con ex suocero? "gli chiesero increduli.

" Dovete sapere - continuò l'altro - che mio nipote aveva sposato la figlia di Giorgio. E pensare che siamo anche cugini! Un giorno si è scoperto che quella aveva un'avventura con un patanaro.

Ma ci pensi, non solo metteva le corna al marito ma così facendo, rendeva cornuto il proprio cugino. E adesso il padre, va dicendo a tutti che vuole indietro il negozio dato per dote. Sto cazzo! Si può riprendere le corna della figlia ma lo shop, proprio no! "concluse Angelo, con un mezzo sorriso sulle labbra.

Poi, continuando. " A proposito - sussurrò all'orecchio del giovane, coprendosi la bocca con la mano - Giorgio mi ha chiesto di Totonno. Per caso è stato lui a mandarvi qui?"

" Ma che state dicendo? - gli risposero in modo seccato - Ma siete pazzo? Noi siamo venuti qui per vendere un po' di vino, nient'altro! Questi non sono cazzi nostri! "

" No, no. Mi devi scusare - continuò sommessamente l'uomo - si vede che ho capito male. Comunque, mi raccomando trattatelo bene questo mio nipote."

" Non vi preoccupate, lo tratteremo bene." conclusero i ragazzi, decidendo per il momento, di non portare a termine il lavoro. Quel cazzo di Giorgio aveva raccontato un sacco di fesserie.

Angelo si rivolse al nipote: " Vedi questa gente, fattela amica, un giorno ti possono sempre servire. Uagliò – conclude - io debbo andare ad aprire lo shop. Salutami tuo padre, digli di farsi vedere. Sto aprendo un ristorante e ho bisogno di lui. Mi raccomando, non dimenticatevelo."

" State tranquillo - gli rispose il giovane - porterò l'ambasciata" e dopo aver accettato un bell'espresso - datemi il numero di telefono, così posso chiamarvi quando c'è qualche buon affare - e, continuando, rivolto al proprietario - a proposito come vi chiamate?"

" Il mio nome è Giuseppe ma tutti mi chiamano Joe. No problem! E voi datemi il vostro. E' capace che mi potreste servire!"

Scambiati i numeri telefonici, dopo la solita stretta di mano, si salutarono fino al loro prossimo incontro. Da lì sarebbe sorto un problema: come ci si sarebbe dovuti comportare con Giorgio?

Veramente l'occasione tentava molto. Bastava attendere un po'e le cose avrebbero preso una buffa piega. Non era ancora passata una settimana da quell'incontro che la richiesta di un incontro arrivò puntualmente: era Joe che li invitava al proprio ristorante.

Era un lunedì sera, quando Totonno e il figlio, si recarono da lui. Questi aveva preparato una cenetta speciale: una bella zuppa di pesce e, all'occorrenza, erano pronte delle mazzancolle fresche da fare alla griglia. Il tutto annaffiato da un buon vino, bianco e fresco, pronto nel secchiello di ghiaccio.

Joe voleva fare una bella impressione.

Dopo i soliti convenienti e le solite strette di mano, si andò subito al sodo.

" Non so se faccio bene - esordì Joe - mi son permesso di invitarvi, perché ho un problema che mi dà molto fastidio e, non sapendo cosa fare, mi sono ricordato delle parole di mio zio. Ho saputo che voi, anni fa, avete fatto un piacere anche a mio zio Angelo. "

Ma non fece in tempo a finire che: " Allora tu sei nipote di Angelo da Broxburn? - lo interruppe Totonno.

" Sì, ve l'ho detto: è mio zio, fratello alla buonanima di mio padre - continuò il giovane mostrando loro la foto della buonanima, incorniciata e posta in bella vista, su un angolo del banco del bar - so che faceste un bel lavoro, perciò, ho pensato che, forse, potreste aiutare anche me."

Sembrava cercasse una risposta " Dovete solo dirmi quanto mi costerà il vostro disturbo e una volta che ci saremo stretta la mano, si può, anche, andare avanti."

Erano passati gli anni ma la musica era sempre la stessa.

"Questa volta si lavorerà al rialzo!" pensò per un attimo l'uomo, mentre ascoltava quel giovane, anche lui grassottello e tondo come una botte come lo zio.

"Ok -replicò Joe- ditemi qual è il vostro problema ? "

" Credo che lo sapete già. Ho sposato la figlia di Giorgio da Dalkeith. Lo so, siamo cugini di secondo grado e a voi può sembrare strano, purtroppo questa è una nostra usanza. Che volete farci? I genitori sono quelli che decidono! Comunque andiamo avanti -continuò, ansioso,di una risposta positiva - intanto potete cominciare a mangiare. Sentite che bell'odore: vi ho fatto preparare una bella zuppa di pesce. Il mio cuoco viene da Napoli. Che ve ne sembra ? "

" Non c'è male - rispose l'altro, inzuppando, un pezzo di pane nel sugo brodoso - complimenti al cuoco -e mangiando - continuate, vi ascolto."

" Allora, dicevo, c'è stato questo matrimonio. Abbiamo anche un bimbetto che ha un anno e mezzo e quella troia non me lo fa nemmeno vedere! Va bene, lasciamo stare! Non so cosa sia successo ma, a dire la verità, credo che la colpa sia solo dei nostri genitori. Noi, a letto, non ci trovavamo bene. Avevamo giocato insieme da piccoli. Per me era come una sorella, mi capite? A ripensarci credo che se si è fatta sbattere dal patanaro, lo ha fatto perché questo era un estraneo: non era il cugino. O no? - non si sentiva affatto imbarazzato - Anch'io, non lo nego, me la son fatta con un'altra, quella che stava dietro il banco a servire i camerieri. Eccola là. E' lei - continuò indicandola - mi sta vicino. Abbiamo pure un figlio che ha nove mesi. Lei sta qui a lavorare con me. Non mi lascia mai solo. E' tutta un'altra cosa! Voi mi capite? Ma adesso il padre di mia moglie vuole che gli restituisca il negozio che lui ci ha dato in dote. Ma vi sembra giusto? "

" No, non è giusto - gli fu risposto tra un boccone e l'altro – no che non è giusto! "

" Allora voi mi date ragione! - continuò soddisfatto il giovane - credo che ci siamo capiti. Io voglio soltanto essere lasciato in pace. Voi che potete fare? Scusatemi se ve lo ripeto: quanto mi costerà il vostro disturbo? " L'uomo si pulì la bocca dal sugo oleoso " Lasciate fare a noi. Mi darete 2000 punti in anticipo e altri 2000 a lavoro concluso. Al resto ci pensiamo noi. Vedrete che quel signore, di sicuro, vi lascerà in pace e poi, non dimenticatelo, dovrete continuare a comprare da noi, altrimenti dove sta l'amicizia? "concluse con un sorriso sulle labbra.

" Mi sembra un po' troppo, però mi sta bene! Lo so che sarete convincenti - e alzatosi da tavola - Aspettate un attimo, intanto vi faccio preparare delle mazzancolle alla griglia."

E mentre si allontanava " Fateci portare un'altra bottiglia di questo buon vino - gli chiese Totonno.

Joe, a differenza dello zio, non esitò ad accettare.

Dopo un po' il giovane tornò con la somma stabilita, ben sistemata dentro una busta.

" Potete contarli, se volete - disse porgendola - sono 2000 punti esatti."

" Ma che dite, lo so che siete gente precisa - gli fu risposto con soddisfazione per l'affare fatto e alzato il bicchiere - alla salute! "

E gli altri, assecondando il suo gesto, risposero " Alla vostra e alla nostra! "

La serata continuò con la degustazione delle mazzancolle, poi un caffè, seguito da un amaro italiano. Il patto era stato sancito; i punti erano in tasca, non rimaneva altro che salutare: un'ultima stretta di mano e " Ci vedremo presto - sentenziò Totonno - mi raccomando a voi. Noi non ci conosciamo, capito? "

" Non vi preoccupate - accordò Joe - è tutto interesse mio! Di nuovo buonanotte e a presto."

" A presto " fu la risposta. Mentre si allontanava in macchina, Totonno cominciò a pensare al da farsi. Bisognava studiarla bene: si doveva trovare il modo di farli entrambi fessi e contenti. Un modo poteva esserci, sì! Ebbe una bella idea per incastrare Giorgio: Joe avrebbe dovuto ingessarsi un braccio, come se fosse stato rotto e poi mettere in giro la voce che l'ordine di fargli male, era partito da Giorgio. A questo punto, il giovane avrebbe potuto denunciarlo come mandante per le percosse avute e richiedere risarcimento danni.

A quel punto, cosa avrebbe fatto Giorgio?

Sicuramente avrebbe chiamato Totonno, sapendo che il lavoro da lui richiesto era stato portato a termine, per poi chiedergli di fare da paciere, facendo così fermare la denuncia e rinunciando malvolentieri alle pretese sulla dote.

Boh! Avrebbe potuto funzionare, perché no ?

Così facendo, convinto Joe a stare al gioco, si proseguì come stabilito: dopotutto questi doveva accettare per forza, altrimenti potevano venir fuori le confidenze sulle sue richieste.

Oltretutto, resolo consapevole in un secondo tempo che Giorgio aveva fatta la sua stessa proposta, a quel punto doveva starsene tranquillo: l'unico a rimetterci era Giorgio e lui poteva cavarsela senza prendere botte !

Come si usava dire: "cornuti e mazziati". Intanto si poteva procedere.

Era verso le 11 di mattina, quando ci si recò a Dalkeith. Già dal giorno prima, Joe, rivestito di una grossa ingessatura montata a dovere, all'insaputa anche dei suoi operai, si era fatto vedere in giro così mal ridotto.

" Sicuramente è stato quel cazzo di Giorgio a farlo ridurre in quello stato. "

" Potrebbe anche essere stato lui ma come fai a provarlo? " erano i commenti della gente.

Alla notizia dell'accaduto, il vecchio gongolava per il risultato.

" Finalmente l' ho sistemato! " diceva tra sé, fregandosi le mani.

Quella mattina era nel suo ufficio quando arrivarono "gli amici".

" Entrate, entrate pure - disse aprendo la porta - accomodatevi, intanto vi faccio portare una cappecoffi."

Era soddisfatto dell'accaduto, glielo si leggeva dalla faccia, quasi radiosa.

" Mi ha telefonato quel mio amico - insisteva nel dire fesserie - ha saputo del fatto ed è rimasto molto contento! I punti li ho io qua, eccoli. Me li son fatti portare ieri sera. Ecco qua, potete contarli." E mentre glieli porgeva, entrò una ragazza con del caffè.

" Metti pure qua - le disse e rivolto agli amici - questa è mia figlia, 'na bella uagliona, che ve ne pare? "

" Complimenti è proprio 'na bella uagliona! " gli risposero in coro.

In effetti, in quell'attimo che era apparsa, dimostrava doti di bellezza mediterranea: mora, capelli lunghi che le cadevano sulle spalle, carnagione quasi olivastra, occhi neri come due perle, muta senza riverir parola, si era sistemata al fianco del padre, impassibile e statuaria, era proprio una bella donna, non una ragazza.

E pensare che quel porco del cugino, per una notte se l'era sbattuta, mettendola incinta con un unico amplesso.

Quando la ragazza andò via si passò a parlare di businiss.

"Avete visto - iniziò Totonno, passando la busta al figlio - io ho mantenuto i patti ! "

"No problem." e nello stringersi la mano, per dimostrare una più sentita amicizia, Giorgio usò entrambi le mani.

" Anch'io vi sono riconoscente. Questo amico per me è come un fratello. Sì, proprio come un fratello." continuò annuendo.

" Abbiamo capito, abbiamo capito - e, staccando la mano – ricordatevi - concluse Totonno, a voce bassa - noi siamo a vostra disposizione."

" Speriamo mai -fu la risposta - ma se così dovesse essere non esiterò a chiamarvi, ok? "

" A disposizione ! " e dopo essersi salutati, ognuno se ne andò per la propria strada.

Purtroppo per lui, mai profezia fu più azzeccata.

La sera stessa Giorgio smaniava al telefono " Totò vi debbo parlare con urgenza, dovete venire subito da me. "

Dal tono di voce sembrava che stesse per reggersela prima di farsela sotto.

" State calmo,ditemi cosa è successo."

" Non so perché,ma sto cazzo di uaglione va dicendo in giro che sono stato io a farlo menare ma questo è pazzo? Per piacere venite a trovarmi, al più presto. Dobbiamo parlare un po'. Vi aspetto." Era veramente preoccupato.

" State calmo, non vi preoccupate - gli rispose Totonno, con ghigno da paraculo - ma di che cosa dovete aver paura? Sono solo chiacchiere della gente. Statevene tranquillo."

E il vecchio, sempre più in apprensione " E sì, dite bene voi – continuò - ma è su di me che stanno gettando merda. Voi me lo avete promesso che se mi dovevate servire, non dovevo esitare a chiamarvi. Mò che fate? "

" Ok, ok. Calma - si cercò di tranquillizzarlo - stasera verrò da voi, va bene? "

" Va bene, va bene. Vi aspetto. "

Era cotto!

Sarebbe bastato farlo impaurire un po' di più e sicuramente avrebbe accettato la proposta che gli avrebbero fatta.

Quella sera si incontrarono al ristorante di Giorgio. Quando arrivarono, lui era sulla porta ad aspettarli, pensieroso e scuro in faccia.

Appena li vide sembrò riprendere colore.

Finalmente!

Poveraccio! Poveraccio il cazzo, non poteva immaginare cosa lo aspettasse.

" Buonasera, buona sera. Venite ci sediamo là - disse loro, invitandoli ad entrare e, indicando un angolo appartato del locale - nessuno ci darà fastidio."

Poi " Avete già cenato ? "

" Non importa. E' tutto a posto. " - replicò Totonno, quasi seccato. Dalle sue parti si soleva dire che, soltanto agli ammalati, si chiede se volessero mangiare. Agli ospiti si offre e basta!

" Almeno un bicchiere di vino? "

" Un bicchiere di vino va bene ma che sia vino rosso."

" Non vi preoccupate ci penso io - e chiamato un cameriere - portaci una bella bottiglia di Valpolicella, quella che piace a me. Vedrete è un'ottima annata! " concluse.

" Adesso veniamo a noi - rispose l'altro - qual è il problema? Perché tanta premura? "

" Mbè, prima di tutto, voi lo sapete che io non c'entro niente con tutto questo casino e poi …"

" Un attimo, aspettate un attimo - lo interruppe Totonno - adesso dovete far parlare me. Io non vi capisco! Ma voi, veramente, pensate che certe cose non vengono a sapersi? Ma secondo voi, perché quel giovanotto se la deve prendere con voi? Noi abbiamo saputo tutta la verità."

Giorgio sembrò sbiancare a quelle parole e l'altro continuò: " Perché non me lo avete detto che si trattava di vostra figlia? Noi ci siamo fatti i cazzi nostri, adesso voi pensate ai vostri."

Detto questo si alzarono per andar via ma Giorgio, tutto intimorito e preoccupato " No, non andate via - li pregò - aspettate un attimo … Io non so che fare. Se quello mi denuncia, passerò dei guai. Posso anche perdere la licenza per gli alcolici. Quello, così, mi inguaia!"

Era veramente preoccupato.

" Io non sono abituato ad avere a che fare con la gente bugiarda - gli rispose Totonno seccato - comunque, ditemi un po' – continuò offeso - che volete da me? "

" Parlateci voi, per piacere, fate in modo che mi lasci in pace. Va bene, io mia figlia me la son ripresa. Sono disposto anche a rinunciare alla dote ma fatelo ragionare, senza licenza posso perdere molto bisiniss e voi sapete quanto si guadagna col vino, o no ? "

"Ok, ok. State calmo - era cotto - lasciate fare a me."

Ormai lo scopo era stato raggiunto.

Giorgio si tranquillizzò. Adesso bastava organizzare il resto con Joe, riscuotere il dovuto e, buonanotte al secchio!

Con Joe non ci furono problemi: pagò puntualmente. A quel punto, a gioco fatto, ognuno riprese la propria strada.

Per Totonno, era sempre auspicabile che, chi lo conosceva, avesse dei problemi, così avrebbero saputo a quale porta bussare e il bussare era sempre accetto, quando si faceva con i piedi: le mani dovevano sempre sorreggere qualcosa o no?

Chi più, chi meno: c'era sempre qualcuno che bussava alla sua porta.

Anche l'altro sheepshagger, Alfonso si ritrovò ad avere a che fare con questo cavolo di Totonno.

L'ex-pecoraro di Picinisco, diventato un ricco e spregiudicato bisinisman, si trasferì a Glasgow, dove iniziò a circolare una voce su un suo coinvolgimento nel riciclaggio di soldi della camorra. L'aveva studiata bene. Aveva bisogno, specialmente a Glasgow di crearsi un'immagine da duro intoccabile, per evitare di diventare preda di qualche male intenzionato.

Anche lui era cambbiato per il benessere e l'età. Era diventato più tondo ma non troppo in carne. Quel naso largo e schiacciato, i capelli ricci sempre lucenti di brillantina, i sigari Avana che ti offriva tirandoli fuori dal taschino delle camicie stirate alla perfezione, i gemelli ai polsini davano a chi lo incontrava, per la prima volta, l'impressione di un gangster di Brooklyn. Ma, dopo un po' si intuiva che non era che un bluff. Lo si capiva specialmente appena cominciava a parlare.

Il modo come impostava il proprio eloquio, nello sforzo di esprimersi nel più fluente italiano, immancabilmente lo portava a fare degli errori, subito percepiti da chi l'italiano lo sapeva bene. C'era da riderne ma l'inglese, quello lo parlava bene e sapeva darsi, all'occasione perfino un accento cockney. Lo aveva studiato ad un college serale a cui si era iscritto alla prima occasione.

Gli erano rimaste impresse le parole di chi lo aveva consigliato, appena arrivato.

Dei tre, era quello che era riuscito a farsi un'istruzione anche se sull'insegna del suo Little Italy, non fece stampare l'isola della Sardegna, pensando che appartenesse alla Francia.

Per un periodo era stato persino il presidente del locale circolo italiano.

Lo chiamavano tutti Mr. Trolla, il suo cognome e ci teneva talmente tanto che anche la moglie iniziò a chiamarlo così.

A Totonno invece quell'uomo non piacque fin dall'inizio. Qualche giorno dopo essere arrivato a Glasgow, in cerca di un lavoro, si era recato al Lino's, a Sauchiehall Street, per chiedergli un posto e la possibilità di un alloggio.

Mr. Trolla poteva offrirgli entrambi: per il lavoro di pizzaiolo avrebbe ricevuto una paga di 150 punti a settimana, mentre l'alloggio, gli sarebbe costato 200 punti a settimana. In poche parole, Totonno avrebbe dovuto ridargli, di tasca propria, 50 punti extra .

Alla faccia del cazzo,questo era proprio un bel tipo! Come suol dirsi "vai per grazia e trovi giustizia" .

" Non importa - gli rispose seccato - il lavoro ve lo potete tenere e anche l'appartamento. Grazie lo stesso!"

E se ne andò lasciandolo lì seduto con quel sigaro in bocca.

Sin dall'arrivo in città, Totonno aveva preso a frequentare il caffè di The Fazzi Brothers, sull'altro lato della Sauchiehall Street, un locale frequentato dalla maggior parte dei ragazzi italiani che lavoravano nella ristorazione, con la speranza di trovare lì qualche buon contatto per un lavoro.

Fortunatamente,tramite un giovane scozzese, riuscì a trovare un alloggio verso Partick e, tramite l'affittuario, Big Billy, conobbe un certo Nory, abile truffatore, distinto e, vallo a credere, di buona ed agiata famiglia. Big Billy scozzese ed ottimo conoscitore delle leggi locali, lo portò ad iscriversi all'ufficio di collocamento per ricevere dalla Social Security, un assegno settimanale con cui mantenere la famiglia e pagare l' affitto finché non avesse trovato un lavoro.

Ma guarda un po'! A Totonno non sembrava vero. In quel paese, lo Stato non ti lascia mai senza tetto e senza sostentamento.

La stessa cosa fecero i suoi due figli maggiorenni: anche essi presero a percepire l'assegno settimanale di disoccupazione. In quanto agli altri due minorenni, anch' essi avrebbe ricevuto 18 punti a settimana, ciascuno. Venne a sapere, col tempo che ogni persona nata in Gran Bretagna, fosse anche il figlio della regina, avrebbe avuto diritto ad un sussidio dallo Stato.

Per di più i suoi figli avrebbero dovuto iniziare a frequentare una scuola speciale per imparare l' inglese. Nessun problema per le spese scolastiche e nemmeno per i strasporti, perché lo stato provvedeva alle spese. Quindi non si doveva spendere per comprare libri, quaderni ecc. e nemmeno per la mensa scolastica e se si abitava in una zona, dove lo scuolabus non passava, si sarebbe potuto usare un taxi, pagato dall'ufficio della pubblica istruzione.

Cose dell'altro mondo! In poche parole, in Gran Bretagna, ognuno che nasce è ritenuto un soggetto a parte e per questo, fino a che non raggiunge la maggiore età e quindi è in grado di trovar lavoro, è lo stato che pensa al suo sostentamento e dal più ricco al più povero ognuno ha diritto al Child-Benefit.

Da un giorno all'altro Totonno si era ritrovato sistemato per le feste! Intanto Big Billy, abituato a trafficare prodotti di provenienza truffaldina, vedendolo così sveglio e capace e con tanti amici tra gli italiani, lo convinse ad iniziare un' impresa redditizia insieme a Nory, mettendo in piedi una società che commerciava prodotti alimentari italiani.

Bisognava creare un lavoro a termini definiti, cioè fino a quando i prodotti non fossero stati pagati e gli incassi fossero diventati, in tutto e per tutto, dei profitti.

Come base logistica, scelsero un magazzino, fornito di cella frigorifero e congelatore, appena fuori il centro della città e ogni mattina, per forza di cose, Totonno e il figlio, proprio perché passavano sempre di lì, si fermavano al Lino's per il solito espresso mattutino.

Una mattina, qualche tempo dopo aver iniziato a frequentare il locale per il solito caffè, trovarono Mr. Trolla al banco, che parlava con sua moglie.

Appena questi si accorse del loro arrivo si avvicinò.

"Questa mattina il caffè a questi signori, lo offro io" disse rivolgendosi alla consorte, impegnata nella produzione delle bevande mattutine.

" Non importa - gli risposero - grazie lo stesso, non vi preoccupate, pensiamo noi a tutto ! "

" Ma così mi offendete. " continuò lui

" Per così poco? - riprese Totonno - E che dovevo dire io quando mi avete fatto quella proposta schifosa? Io vengo qui soltanto per prendere un caffè! Se vi dispiace, posso anche farne a meno di tornare! "

" Ma che dite! - si preoccupò di tranquillizzarlo Trolla - io quel giorno non vi conoscevo! A dir la verità, quando vi vidi, pensai tra me e me: questo è il solito avventuriero. Poi, invece, col tempo, ho capito chi eravate - e quindi, con modi amichevoli - a proposito, voi conoscete un certo Angelo da Broxburn? "

Adesso si spiegava quello strano comportamento!

"E mbè sì! - gli rispose - Ma a voi che interessa? "

" No, niente, solo che siamo cugini e tra noi ci raccontiamo tutto. "

" Ho capito, siete andato ad informarvi. "

" Veramente non è così. Vedete, c'è stata una cerimonia di famiglia e, parlando del più e del meno, si è cominciato a parlare di voi. Voi anni fa, stavate ad Edinburgo? E siete tornato da poco in Scozia? "

Si era proprio informato bene!

" Sì, e con ciò? "

" Allora mio cugino non si sbagliava quando ha raccontato a tutti i presenti che era tornato un suo grande amico e non ha fatto altro che parlare bene di voi. Mi fa piacere conoscervi! Ma che Cristo, me lo potevate dire che vi conoscevate? "

" E perché mai? " quell'uomo cominciava a seccarlo!

" Per niente, solo che se lo avessi saputo mi sarei comportato diversamente. "

" Ho capito, voi vi arruffianate con chi vi potrà servire!
Ma vi sbagliate, con me non filate. Accetto il caffè
perché, come si dice, " Chi non accetta, non merita " ma
ricordatelo, questo non cambia niente sul mio giudizio
nei vostri confronti. Vi posso dire una cosa? "
" Dite pure! " sembrava che fosse compiaciuto per
l'avvenuta confidenza.
" Va bene! Ecco di cosa si tratta: si diceva in giro anni fa
che voi appartenevate alla camorra campana e venivate
usato per riciclare i loro soldi sporchi. Mentre mi
trovavo in Italia, mi sono informato: erano tutte fesserie!
Laggiù, nessuno vi si inculava, scusate il termine, anzi a
loro piacerebbe sapere chi ha messo questa storia in giro.
" gli rinfacciò, seccato e urtato.
Al sentire queste parole, Alfonso aveva persa tutta la sua
spavalderia. Se lo avessero accoltellato, non se ne
sarebbe cavata una goccia di sangue! Era rimasto muto.
Il sigaro si consumava nel portacenere. Quelle parole
cominciavano a suonargli pericolose.
" Io veramente non lo so - cominciò a rispondere, con
modo premuroso - sono storie messe in giro, soltanto
per gelosia. Io e mio fratello abbiamo messo su dei
locali, qui in Glasgow. Dopo un po'abbiamo sentite
queste voci ma abbiamo pensato che fosse meglio non
darci peso. "
Cercava di essere il più convincente possibile.
" Non sia mai. Noi lavoriamo notte e giorno. Noi non
abbiamo niente a che fare con certa gente. " concluse,
cercando di scusarsi.
" Un momento - lo rintuzzò l'altro - vi sbagliate! Certa
gente non ha e, non vuole, niente a che fare con voi!"
" Va bene,ok. Va bene. Lasciamo stare. Era buono il
caffè? " tagliò corto Alfonso.

" Non c'è male ma poteva essere meglio."

Sembrava che il ghiaccio, si fosse sciolto: " Vuol dire che la prossima volta sarà più buono -continuò Mr. Trolla, accendendosi il solito sigaro - ma adesso, ditemi. Ho saputo che avete messo su un magazzino di prodotti alimentari. Mi fa piacere! Che ne direste di farmi una lista di ciò che trattate e quali sono i prezzi. Se non vi dispiace, potrei comprare anch'io qualcosa. "

" Ok, se sapete tutto, sapete anche dove trovarci. Potete venire, quando volete e là, vi renderete conto di tutto. Noi siamo sempre lì, dalle nove del mattino alle cinque di sera. Potete venire quando volete. "

Detto questo, si alzarono e dopo essersi salutati con la solita stretta di mano che guarda caso Alfonso utilizzava come simbolo del suo ristorante, stampandola sui menu.

" Allora vi aspetto " disse Totonno uscendo.

"A presto " gli rispose l'altro.

Alfonso a quel punto si sentiva più tranquillo. E pensare che fu lui stesso a mettere in giro quella voce sulla camorra. Fu fortunato, perché a quei tempi, nel Regno Unito non esisteva ancora il reato di associazione camorristica di stampo mafioso, altrimenti …

Glasgow era una città più grande di Edinburgo, però a Totonno, restava più facile circolare, per quelle strade. A volte sembrava a Totonno che fosse vissuto lì da sempre.

A parte qualche italiano, le sue amicizie cominciavano a formarsi, sempre più, tra gli scozzesi e le altre comunità straniere del posto.

In poco tempo aveva stretto rapporti con alcuni membri della comunità pakistana. Con loro facevano ottimi affari: quelli pagavano sempre in contanti, mai un problema. Riciclavano di tutto: dall' alcol, alle sigarette, dal tabacco sfuso ai pelati per le loro pizzerie.

I problemi si trovavano, soltanto, quando aveva a che fare con gli Italiani: " Questo costa troppo! ", " Ma da dove viene questa merce? Speriamo che non sia merce rubata."

Però, al prezzo giusto compravano di tutto.

E pensare che una volta, Alfonso, venuto a sapere della sua amicizia con un certo Latif, ristoratore indiano, ebbe il coraggio di dirgli: " Uè, Toto' adesso te la fai anche con quegli animali - con sorrisetto malizioso - quelli non sono cristiani. Mangiano con le mani, come le scimmie. Sono una brutta razza! "

Proprio lui aveva il coraggio di giudicare gli altri. Lui, che come tutti gli altri parenti si era sposato tra cugini di primo grado: che faccia tosta!

Cosa buffa, un giorno, nel suo locale, sorseggiando insieme un caffè, videro entrare una bella donna, tanto che Alfonso, senza esitare, al cospetto della moglie, esclamò " Questa sì che è una bella patana! "

Totonno lo riprese " Ma non ti vergogni, di parlare così, di fronte a tua moglie? "

La risposta fu istantanea, con un sorrisetto sulle labbra " Ma che importa, tanto lei è mia cugina."

Fra le tante cose, fu Alfonso a parlargli, per la prima volta, di "prezzi stracciati".

Ogni qualvolta si parlava di concludere un affari, la risposta era sempre la stessa "Purché siano prezzi stracciati! " Allora si potevano concludere trattative.

Anche lui, come il cugino Antonio, aveva stabilito un prezzo fisso per gli affitti dei propri locali: 2500 punti a settimana, sei mesi in anticipo, tutti in contanti.

Glasgow però, non era Edinburgo. La comunità italiana era differente. Vi era più gente del norditalia, garfagnani, mentre un'altra parte, erano originari di Filignano, un paese della provincia di Isernia, che aveva dato i natali al famoso cantante lirico Mario Lanza.

Anche per questo motivo al Trolla, rimaneva più difficile trovare clienti adatti ai suoi locali. La maggior parte di questi rimanevano chiusi ma lui era paziente, sapeva aspettare. Ormai gli affitti erano a quota fissa: 2500 punti a settimana.

Un bel giorno arrivò un suo nipote dall'Italia, figlio di una sua sorella, pecorai della foce del Garigliano.

Alfonso volle farne un businisman. Dopo un paio d'anni, dopo avergli fatto fare gavetta nel suo Lino's ebbe la bella idea di farselo socio, aprendo un grande locale a sud-ovest della città, uno dei più belli che si potessero trovare in giro.

Il giovane, dallo sguardo saraceno, in pochi anni, maturò intelligentemente, tanto da arrivare a gestire il locale da solo. I punti entravano a palate.

Lo zio gli aveva insegnato tutti i trucchi del mestiere. Sapeva quanto si guadagnava e quanto si sottraeva alle tasse. Ma era giovane ed il profitto gli aveva dato alla testa. Come suol dirsi, si era montato la testa. Perché lavorare dalla mattina alla sera, quando se ne sarebbe potuto tornare al paese e godersi la vita? Perché no!

L'unico problema, però, era mettere insieme più liquidità possibile e lui aveva trovato il modo per farlo. L'aveva studiata bene. Si era segnato, giorno dopo giorno tutte le spese, sporche e pulite. Aveva scritto, su un libretto segreto, tutti gli incassi giornalieri e aveva segnato tutte le somme dichiarate al commercialista. Non aveva mancato annotazioni per circa quattro anni. Erano abbastanza per raggiungere il suo scopo. Per farla breve, un giorno ebbe un meeting con lo zio

" Mi sono stufato - gli disse - voglio tornarmene a casa, giù al paese. Perciò vediamo quanto mi spetta, per la mia quota. Me lo date e me ne vado, voi potete tenervi tutto ! "

" Ma che stai dicendo? Ma dove cazzo vuoi andare? Vuoi tornare a guardare i culi delle pecore? - incavolato Alfonso cercava di dissuaderlo - E poi, quanto credi che sia la tua parte? "

" Non lo so ditemelo voi! "

" A dir la verità i tuoi soldi, quelli delle pecore, vendute da tuo padre, sono rimasti intatti.

Che ci può essere qualche altra cosa in più, quanto credi che sia? - e aspettando una risposta - per il lavoro che hai svolto, ogni settimana hai preso una buona paga. O te lo sei scordato? - e ancora - ma tu quanto credi di dover avere? "

" Con tutto il rispetto per voi, mi sa che vi state sbagliando! - il giovane sembrava seccato - io ho portato avanti il locale per oltre quattro anni, da solo. E siamo arrivati a fare un incasso di 30.000 punti a settimana. I patti erano chiari, per quello che io e la mia famiglia abbiamo investito, la nostra parte doveva essere il 30% netto. Da come parlate voi, mi dovrei accontentare di qualche fesseria? "

" Aspetta un po' - lo interruppe lo zio - siete tutti uguali voi giovani! Sei arrivato qua, soltanto, con una scarpa e una ciabatta, non sapevi né parlare né starti zitto e ora ti permetti di venirmi a fare i conti in tasca! – era veramente incazzato - sei un maleducato, oltretutto ti ho anche battezzato. Ma guarda un po' che cazzo di padrino mi son fatto! "

Era incavolato nero.

" Zi' Alfò - lo interruppe il giovane - tu puoi essere il mio padrino sì, ma non puoi fare come fai con i tuoi figli: tutto a Cristo e niente alla Madonna! Quello che voglio io è soltanto quello che mi spetta!"

" E secondo te quanto ti spetta? "

" Senza che facciamo i conti, datemi 250.000 punti e vi lascio tutto! " L'aveva gettata lì, non sperando in una buona risposta.

" Ma che cazzo ti sei messo in testa ? Io ti posso dare 250.000 punti in fronte! A questo punto, per me te ne puoi anche andare a farti fottere. Con me hai chiuso! - e alzandosi, poggiò le mani sul tavolo e urlò come mai aveva fatto - hai capito ? Per me puoi anche andare a farti fottere! "

Quel cretino aveva toccato il limite della sua pazienza. " Ora esci, vatti a mettere un po' di ghiaccio sulle palle e domani fammi sapere quello che vuoi fare. Ma, ricordati, quello che chiedi, te lo puoi scordare. Hai capito? "

Poveraccio era lui che non aveva capito un cazzo!

" Ecco qui le copie delle carte che ho messo da parte - gli rispose il nipote con tutta calma, buttandole sul tavolo - adesso ve le studiate bene e ricordatevi che se non mi darete quanto vi ho chiesto, le carte originali le manderò all' ufficio delle tasse. Se è questo che volete, sono cazzi vostri! Buonasera. "

Lasciò il tavolo e senza fretta lasciò lo zio, muto e incredulo, per quanto accaduto.

E sì, povero Alfonso, solo allora si rese conto che anche tra sheepshaggers non ci si poteva fidare!

E dovette pagare.

Pagò e, da quel momento in poi, anche i sigari si afflosciarono, anche le camicie persero d'amido. Da quel giorno non fu più lo stesso, era diventato docile come le pecore che usava portare al pascolo sui monti! Fino a quel giorno, non c'era nessuno che poteva vantarsi di averlo fregato! Sarebbe dovuto essere il sangue del suo sangue a farlo impunemente!

Di Totonno, invece, si poteva fidare. Tra loro non c'era stato mai uno screzio. Cominciò perfino a consegnarli perché glieli conservasse tutti i contanti che incassava: quello non sgarrò mai! Sempre preciso e puntuale, ogni qual volta, che servivano delle somme liquide.

Ma il tempo passa e come suol dirsi: acqua passata non macina mulino.

Totonno, nel frattempo, ne aveva fatto di bene. Con lui, tutti avevano fatto grandi profitti ma al momento giusto, ognuno di essi, non esitò ad accoltellarlo alle spalle pur di salvare i propri businiss! I tempi stavano cambiando. Tutto filava per il meglio finché un giorno Totonno ruppe con Nory e, caricatasi abbastanza merce, quanto bastava per ricominciare da solo, si trasferì ad Edinburgo. Lì, si affittò uno store da un certo Franco. Intanto aveva rincontrato una vecchia conoscenza, un siciliano piccolo, di statura ma grande per bontà e capacità, rissoso e focoso come pochi. Questi, aveva lavorato per lui nel periodo del piacere fatto ad Angelo. Allora era un giovincello di diciassette anni, quando lo ritrovò, era già sulla trentina, si era sposato e si era dato alle arti marziali. Il suo nome era Turuzzo, da Salvatore. Mentre Totonno si era dovuto allontanare dalla Scozia, lo aveva emulato, riuscendo ad aggregarsi ad un gruppo pakistano, gente specializzata nelle truffe ad alto livello anche internazionale.

" Trovatevi un deposito e io vi darò una mano, per la vecchia amicizia - gli aveva proposto - per i pagamenti non dovete preoccuparvi. Mano a mano che vendete, anche una volta a settimana, mi potete dare quanto mi dovete. Non pensate a male, se fosse per me potrei aspettare per quanto volete voi. Purtroppo ci sono altre persone a cui debbo rendere conto. Lo sapete come vanno certe cose. Vi farò dei prezzi al 50% del reale costo all'ingrosso e voi, con le amicizie che avete, potete vendere tutto quello che volete a prezzi concorrenziali rispetto a quelli degli altri rivenditori. "

" Non c'è problema, non preoccuparti. Non ti faremo fare brutte figure. Lo sai come la pensiamo noi. " lo assicurò Totonno

E l'altro: " Ok, trovate dove posso farvi scaricare la merce. A tutto il resto ci penso io. "

" Dammi qualche giorno per organizzarmi. Intanto mi puoi dare una campionatura di ciò che hai, così posso cominciare a prendere ordinazioni? "

" No problem! Vediamoci domani e vediamo cosa posso fare. Anzi, ti porterò qualcosa in più, da parte mia per la tua famiglia. Mica ti dispiace? "

" Ma che dici? Tra noi non devono esistere certi problemi. L'accetterò volentieri. Allora è tutto chiaro. Per noi va bene come stabilito. Però, mi raccomando, non siate troppo impazienti nella riscossione di quanto vi spetterà. "

" Lasciate fare a me - lo rassicurò il giovane - non vi preoccupate! "

Si salutarono a modo loro, con baci sulle guance, dandosi appuntamento per il giorno dopo.

Era contento di averlo incontrato ma tra sé e sé, aveva qualche dubbio su tutta la cosa.

Però non si poteva mai sapere. Forse quel Turuzzo sapeva quel che faceva e poi quella sembrava una manna venuta dal cielo. Non vi erano capitali da investire. Doveva soltanto contattare tutte le vecchie conoscenze e smaltire il tutto.

" Papà - gli chiese il figlio tornando a casa - per il posto, ne possiamo parlare con Claudio di Withburn. Che ne dici? "

Lo aveva distolto dai pensieri.

" E' una buona idea. Ricordami di chiamarlo appena arriviamo a casa. E' proprio una buona idea ! " gli rispose dandogli una pacca sulla spalla.

Anche Claudio era una vecchia conoscenza. Avevano fatto affari insieme, ai vecchi tempi. Totonno gli aveva recuperati alcuni crediti fatti a persone, per lo più giovani italiani che lavoravano nella ristorazione, dediti al gioco nei casinò.

Claudio era ormai sulla settantina ed aveva fatto fortuna con le slot-machine e i juke-box. I suoi guadagni erano sì tutti spiccioli ma ne aveva fatti a tonnellate. Ne aveva bidoni pieni, depositati in un garage.

Prima di rientrare in Scozia, per sfuggire a problemi che aveva con la legge in Italia, Totonno lo aveva contattato per farsi trovare un punto di appoggio e il vecchio, tra le tante cose, gli aveva suggerito di starsene lontano da Edinburgo: là c'era troppa gente che lo conosceva e non era salutare, per lui, far sapere subito in giro che era tornato.

" Quando arrivi chiamami - gli aveva raccomandato il vecchio amico - ho qualcosa da fare, per te. Niente di importante ma il buon giorno si vede al mattino e ricordati: mettiti il ghiaccio sulle palle e stai calmo. A tutto c'è tempo. Io per quello che posso, vedrò di darti una mano! "

Sapeva che poteva contarci e la partenza non gli sembrò tanto avventurosa. Per i primi tempi si sarebbe arrangiato presso una sorella della moglie, a Glasgow. Giusto il tempo di organizzarsi e poi,via per la loro strada.

Il giorno dopo essere arrivato in quella città, andò con due dei suoi figli, a casa di Claudio. Ad accoglierli fu la figlia di questi. Si ricordava bene di lei e anche essa gli dimostrò la stessa sensazione. Appena, lo vide, lo abbracciò baciandolo sulle guance. Era sempre la stessa: cicciottella e forte come un uomo, forse era quello che lei avrebbe voluto essere!

Fu contenta di conoscere i suoi ragazzi.

" Pa' ti avrebbe aspettato ma aveva prenotato un viaggio in Florida ed è dovuto partire " esordì. " Tornerà tra un paio di settimane – continuò - intanto bevi un caffè. I tuoi ragazzi cosa bevono? Una aranciata o un bicchiere di coca cola ? "

" Fai tu ! "

E si alzò per prendere le bevande. Lucia era una donna, ormai. Aveva avuto un figlio, da colui che lei definiva nu ricchione. Il loro era stato un matrimonio combinato dalle famiglie e finito male, come spesso accadeva in questi casi.

Aveva un fisico prosperoso, sempre alla ricerca di uomini duri. Il suo sguardo era imbarazzante: ti penetrava nei pantaloni. Col tempo si dimostrò quello che era: il padre le avrebbe fatto gestire un locale a luci rosse. Aveva le palle da uomo!

Mentre versava da bere ai ragazzi " Pa' – disse - mi ha lasciato un'ambasciata per te. C'è un lavoro da fare. C'è da recuperare 2.500 punti da questo fottuto italiano - continuò, mostrandogli il nome della persona in questione scritto su un foglio di carta.

" Devi sapere che pa' gli aveva affittato il fish & chips qui a fianco. - continuò tutta focosa - E' andato tutto bene, per un po' di tempo, quasi un anno. Poi un bel giorno, quel figlio di puttana è sparito, portandosi via tutto lo stock del negozio e lasciando le bollette della luce, del gas e del telefono. Fucking bastard. Ti sembra giusto quello che ha fatto? " Il suo modo di parlare era inconfondibile. Nessun'altra donna avrebbe parlato come lei.

" No, non è giusto per un bel niente, - la rincuorò Totonno, - ma dove sta adesso questo bel tipo? E da che parte dell' Italia viene ? "

" E' un fucking cassinese! Vogliono fare tutti i mafioncelli, ma poi, se li stringi, si cacano sotto. Non vale niente! Abbiamo saputo che gestisce un ristorantino, vedi - gli indicò sul foglio - si chiama La Romantica. Si trova in un paese non tanto lontano da qui, Wishaw. E' dalle parti di Glasgow. Lo potrai trovare facilmente! "

" Non ti preoccupare lascia fare a me - la interruppe - piuttosto come debbo fare per procurarmi una macchina? "

Non poteva, certo, andare in giro col furgone Transit, col quale era arrivato dall'Italia.

" Vieni con me - e lo accompagnò al balcone che guardava dietro il cortile - guarda là. Ti va bene? - e gli indicò una Rover grigio metallizzato. - Pa' ci aveva già pensato. Sapeva che ti sarebbe servita. Andiamo giù così la potrai vedere meglio."

" Come vedi non è una Ferrari - continuò lei - ma è in ottime condizioni. Pa' l'ha fatta revisionare.

E' assicurata e ha il pieno di benzina. Guarda qua ! - e aprendo il cofano gli mostrò un agnello, macellato, pronto ad essere cotto - Questo è per la vostra Pasqua, la settimana prossima, ok?"

" Che debbo dire? - si rivolse ai due figli, soddisfatto e sorridente - voi che ne dite? "

" Papà, meglio di così, non si può! " gli rispose il più grandicello

" Lo vedete - continuò, annuendo con la testa - ve l'ho sempre detto: Chi fa il bene aspetti il bene. Questi, sì, che sono amici!"

Poi, rivolto alla giovane donna " Lasciate fare a noi! Dì a tuo padre di starsene tranquillo. Domani stesso gli faremo una visita a questo spaccone e cominceremo a sistemare le cose. Posso fare come meglio credo? "

" Fate voi! Voi sapete come comportarvi. Non debbo mica insegnarvelo io! "

Si salutarono e salendo in macchina " Lucia, ricordati di salutare papà, quando lo sentirai. "

Il giorno dopo, come promesso, si recò a Wishaw. Era una piccola cittadina ad est di Motherwell, situata in una zona industriale in decadenza. Vi era un'alta concentrazione di protestanti e i disoccupati solevano sostare, agli incroci delle strade, in attesa dell'apertura dei pubs, nei quali si riversavano per ammazzare la noia, con pinte di birra.

Come, ovunque, anche qui, erano arrivati gli italiani, per lo più dediti ai lavori nei fish & chips.

La Romantica era attaccato ad uno di questi. Era un piccolo locale, tutto concentrato in una stanza. La cucina era situata in una specie di retrobottega: e, quelli, lo chiamavano ristorante.

Appena entrarono l'unico cameriere li fece accomodare ad un tavolo vicino l'entrata.

Cristo, due clienti! Non poteva crederci e si affrettò a servirli.

"Can I help you?" chiese loro, non sapendo da dove venissero.

" Scusa, ma tu sei italiano? " lo riprese Totonno

" Perché non si vede? – gli rispose con un accento fortemente napoletano.

" Bene. Sei napoletano? Ok, allora, paisà, se non ti dispiace, vorrei parlare col proprietario, se è possibile. "

" Posso sapere di che si tratta? " si informò sorpreso.

" Scusami amico, ma sei tu il proprietario? "continuò Totonno.

" No, lo dicevo solo per curiosità. Non tutti i giorni qui, si vedono italiani ed è strano, io non vi conosco. Eppure conosco la maggior parte dei paesani ma voi siete facce nuove. "

" Ho capito - lo interruppe Totonno, con fare deciso – Senti,amico. Io non sono nuovo qui in Scozia, molta gente mi conosce e poi non sono cazzi tuoi! Perciò chiamami questo santo padrone e digli che debbo parlargli di una cosa seria. Mi hai capito? "

A quel punto si era alzato, si stava rompendo. Un attimo dopo si calmò e, rimessosi a sedere, si accese un mezzo toscano.

Nel frattempo, il cameriere era sparito dietro una tenda per riapparire, più tardi, dicendo " Potete aspettare un attimo? Intanto prendete qualche cosa. Offre la casa. "

Le cose sembravano normalizzarsi. Il cameriere li servì per poi accomodarsi con permesso al loro tavolo.

" E voi da dove venite? " ricominciò a chieder loro

" Giovanò, stai facendo troppe domande - fu ripreso con modo seccato - Se vuoi puoi restare anche tu, non mi importa! "

Non aveva nemmeno finito di parlare che arrivò il boss. Uno sulla trentina, alto, un po' stempiato e con un paio di baffoni, più grandi della faccia. A chi non lo conosceva, poteva incutere timore. Si avvicinò con un fare un po' arrogante e avvicinandosi al tavolo " Cercavate me? Eccomi qua ,di cosa si tratta ? " chiese con fare sospetto.

Totonno lo invitò a sedersi e poi cominciò " Vedi amico, io sono italiano come te e non farei mai del male ad un mio connazionale ma ciò non significa che ci si deve approfittare di un vecchio, solo perché questi non può difendersi. Mi capisci? E guardami bene in faccia, quando ti parlo! "

Infatti l'altro lo ascoltava con modo disinteressato, come per dire " Ecco un altro guappo! "

" Io non ho tempo da perdere - continuò deciso Totonno- perciò voglio sentire anche la tua storia al riguardo: hai capito di chi sto parlando? "

" No, non ho capito! "

" Allora te lo dico io! - si stava seccando - Si tratta di Claudio, da Withburn. Non ti dice niente questo nome ? "

" Ho capito, ho capito. Adesso ho capito. - si affrettò a rispondere l'altro - Ma adesso vi spiego. Noi avevamo un accordo: io portavo avanti il locale, che lui metteva a disposizione e, pagate le spese di gestione, avremmo dovuto dividerci il guadagno al 50%. Fin qui mi stava bene, poi tutto è cambiato. Quando il negozio ha cominciato a fare bei soldi sono nati i problemi: dobbiamo cambiare la friggitrice, questa non è abbastanza grande per il volume di lavoro che abbiamo; dobbiamo cambiare i frigoriferi, prenderne di più grandi tanto da contenere più bibite ecc. ecc.

Ma,tutto questo aveva un costo! Erano spese che io non volevo affrontare. Avrei dovuto investire quei pochi punti che avevo guadagnato e non me la sentivo. Non c'è stato niente da fare, ha voluto fare a modo suo, lui e la figlia. Non ci si poteva ragionare. Voi mi capite? Se volete possiamo incontrarci e parlarne insieme."

Sembrava sincero, ma lui non aveva capito. Totonno sì!

Claudio non era un fesso.

Sapeva che più investiva e meno tasse avrebbe pagato sui guadagni. Era il solito gioco! Ok, vuoi fregare le tasse, lo capisco ma che cazzo perché fregare i tuoi paesani? Questo non riusciva a capirlo.

Quell'uomo non era cattivo, Totonno lo aveva capito.

" Senti un po', amico, io posso venirti incontro ma tu dimmi quanto incassi a settimana? Pensaci bene, prima di rispondermi. Voglio che ci capiamo - e rivoltosi ad entrambi - io non sono il primo arrivato! Quando bazzicavo la Scozia, voi stavate ancora in Italia. Io mi chiamo Totonno, ho vissuto sempre ad Edinburgo. Là tutti mi conoscono e tu - rivolgendosi al proprietario - prima di rispondermi pensaci bene. Voglio che tu capisca con chi hai a che fare."

A quelle parole, i due per un attimo si lanciarono uno sguardo, quasi di meraviglia, poi fu il cameriere a pronunciarsi

" Cristo. Adesso ho capito! Voi siete il Totonno di cui tutti parlano? Io mi ero immaginato qualche cosa ma non ne ero certo - continuava con fare soddisfatto nel trovarsi faccia a faccia con quella persona - Io vi conosco di nominata - e rivolgendosi al suo boss. "Hai capito chi è il signore? Hai capito? "

Anche lui aveva capito ed ad un tratto era diventato tutto timoroso e non sapeva che dire. Quel cazzo di Claudio gli aveva riservato una bella sorpresa. In quell'attimo ripensava a tutte le volte che il vecchio lo aveva avvertito " Poi saranno cazzi tuoi! " usava dirgli ogni qualvolta bussava a danari e lui continuava a portarlo in campana.

" Adesso sono cazzi acidi! "continuava a ripetere fra sé e sé.

D'un tratto tutto sembrò cadere in un mutismo cupo.
" Sentimi bene - cercò di rassicurarlo - Se io avessi avuto brutte intenzioni, non starei qui a parlarti.
Ti ho chiesto una cosa, puoi rispondermi ? "
" Veramente non so come dirvelo - e scambiandosi un'occhiata col cameriere - arrangiamo qualche cosa nel weekend. Qui non è Glasgow o Edinburgo. Si campa e basta. Tra me e lui ci facciamo appena la paga. Questa è la situazione. Anyway, se potete venirmi incontro, ve ne sarò grato. Fate voi. Se siete come dicono tutti, mi potete credere. Poi fate come volete."
Aveva abbassato lo sguardo. Il tono era sommesso. Si vedeva che non bluffava, bastava guardarsi intorno e ci si accorgeva dello stato precario in cui quei due si trovavano.
" Don Antò - riprese il cameriere, con fare da mediatore - credetemi, certe volte debbo cacciare i soldi di tasca mia per fare la spesa. Dovete credermi! " concluse, posandosi una mano sul cuore.
" Vi capisco ma voi dovete capire anche me, perciò facciamo così: per dimostrarmi la tua buona volontà, comincia a darmi 50 punti. Poi io verrò ogni sabato e mi farai trovare sempre la stessa somma. A Claudio ci penso io. Va bene così? "
" Ok, ok. Ce la faremo,non vi preoccupate. Ce la faremo. - si affrettò a rispondere il proprietario - grazie di tutto, un attimo che prendo i soldi. " Si alzò ed andò in cucina. Tornò e insieme a lui c'era un'altra persona, dall' aspetto arrogante, che in inglese, pensando che quelli non capissero, disse rivolto a quel povero Cristo. " Non solo non puoi pagarmi l'affitto e adesso devo anche prestarti 50 punti per pagare questa gente! Ma chi cazzo sono questi? "

" Ma tu chi cazzo credi di essere tu ? " Totonno lo affrontò faccia a faccia, in italiano.

L'uomo rimase muto!

Quello aveva capito ciò che aveva detto e non sapeva più che fare. Intervenne il cameriere, prendendolo sotto un braccio

" Vedi, Mario, questo signore è un amico. Tu è meglio che ne stai fuori. Se vuoi aiutarci, va bene. Altrimenti, come non detto - e rivolgendosi a Totonno - datemi un attimo - lo assicurò - torno subito - e rivolto al suo boss-te li presto io i 50 punti, non ti preoccupare! "

Fu un bel gesto, anche se, così facendo, volle dimostrare che anche lui sapeva comportarsi come un uomo "di strada", come, di solito, venivano chiamate le persone che sapevano mantenere la parola data!

Il proprietario del locale disse rivolgendosi a Mario " grazie lo stesso e scusa se ti abbiamo scomodato! "

Così detto se ne uscì per tornare, dopo un po', con quanto richiesto.

Fu proprio un bel gesto!

Totonno se ne tornò a casa, avvisandoli di non dimenticarsi del sabato successivo.

Il cameriere, tornato dentro il locale prese di petto Mario

" Ti è andata bene - gli disse - non puoi immaginare a cosa saresti potuto andare incontro! Con quella bocca aperta come una papera combini solo guai!"

" Perché, chi cazzo era quello? " rispose, ancora arrogantemente, l'altro.

" La prossima volta che lo vedi, chiediglielo! "

Nel tempo a venire, anche Mario entrò nelle confidenze di Totonno.

Usavano incontrarsi a La Romantica. Come sempre, il giovane saltava qualche pagamento ma lui capiva e sopportava.

Tottonno si trovò a dover ricominciare nella nuova città. Nell' accordo con Turuzzo, era necessario trovare un magazzino. Come suo figlio aveva suggerito, parlarono con Claudio che gli mise a disposizione un grande locale sotto casa sua e in più un piccolo camion che avrebbe potuto usare per fare le consegne.

Nel frattempo il vecchio, che era anche proprietario di una grossa fabbrica di infissi di alluminio in disuso, pensò bene di fargli vedere anche questo posto.

Nello stabilimento vi era un enorme locale, vuoto e ripulito di tutti i macchinari. Più di qualche finestra, su in alto verso il soffitto, era stata vandalizzata e uccelli, corvi e piccioni, la facevano da padroni. Ma era così grande da poter contenere fino ad una decina di TIR.

E questo piacque immediatamente a Totonno. Le merci sarebbero arrivate tutte imballate e confezionate, non c'era alcun pericolo che potessero essere intaccate, bastava un muletto e tutto poteva essere sistemato nei modi voluti.

L'altra metà della fabbrica era stata affittata ad una falegnameria.

I due posti erano separati da un corridoio, tanto grande da poter contenere due TIR, uno a fianco all'altro.

Claudio, il proprietario, parlò con gli affittuari dell'altra parte, chiedendo loro di mettersi a disposizione di questo suo "nipote", per poterlo aiutare con il loro muletto.

Avute le chiavi, Totonno doveva soltanto provvedere a trovare la merce. Intanto si poteva usare, come emergenza, il locale sotto la casa del vecchio.

Fu Turuzzo a contattarlo. Aveva una decina di bancali di cheddar bianco, il tipico formaggio scozzese. Lo usavano molti locali che producevano pizze, al posto della mozzarella. Infatti si scioglieva bene ed era saporito.

Dopo appena tre giorni dal primo scarico di merce, vendettero tutto e pagarono e ringraziarono Turuzzo.

Da allora cominciò ad arrivare merce di tutti i tipi: dalla cioccolata ai cartoncini di bevande, dagli champignon in lattine al tonno sott'olio, dalle confezioni di mostarda ai petti di pollo congelato, dalla margarina al lardo per friggitrici. Arrivava di tutto!

I maggiori clienti erano gli sheepshaggers. Con loro si usava, sempre, la solita tattica: " Se tu non la vuoi, la vendo a tuo cugino. "

A quel punto, pur di non lasciarla al parente, accettava e l'affare era fatto.

Si vendeva di tutto.

Gli altri grandi clienti erano i pakistani.

L'unico problema con loro era, assicurarsi che capissero le nostre misure metriche: quanto era un chilo o quanto era un litro.

Erano un po' diffidenti. Pensavano sempre di essere fregati; per il resto, una volta, entrati in confidenza, erano buoni clienti, o meglio buoni affaristi.

Tutte le merci congelate e deteriorabili venivano scaricate nel magazzino di Edinburgo, le altre nella fabbrica di Withburn .

Il bisiniss cresceva a dismisura: Turuzzo portava e loro smerciavano.

Un altro incontro decisivo fu quello con un certo
Alberto, da Trieste, così diceva lui. Era un uomo basso,
tarchiato, con la voce rauca ma di buona favella.
Totonno capì subito che quello, era un "ballerino", un
truffatore.

Gli fu presentato da un amico comune. Fu il solito
incontro di amici di vecchia data. Anche questo Alberto
aveva sentito parlare di lui.

Dopo il primo caffè e dopo aver parlato del vecchio
lavoro andato a male, per via delle tasse, aveva esordito
dicendo di avere un piccolo ristorante in Dunfermline,
un po' in affanno. Aveva bisogno di liquidità, così chiese
se poteva avere in prestito un paio di migliaia di sterline.
Avrebbe ripagato settimanalmente con gli interessi.

"No problem - continuava a dire - e poi, con voi, non
posso scherzare. Io so come vanno certe cose!"
Valutata la persona, si accordarono sul da farsi. Claudio
avrebbe anticipato la somma di 2000 punti e Alberto
avrebbe restituito 2600 sterline, a rate di 200£ a
settimana.

L'impegno era che Alberto dovesse andare fino a
Glasgow ogni sabato sera, in un caffè, in Elmbank
Street, per consegnare la rata dovuta.

Per le prime due settimane andò tutto bene ma poi
cominciarono i vari ritardi, i "posso passare domani" e
così via.

A quel punto Totonno decise di cambiar tattica e un
sabato si recò direttamente a Dunfermline, al ristorante.
Il locale non era male: una bella sala grande, un buffet
allestito all'italiana. Il tutto era ben organizzato, meglio di
quello di Wishaw.

La cosa strana era che, pur essendo l'ora di punta, il
locale era stranamente vuoto!

Mentre andava in bagno, passò vicino la porta di entrata dove vide una donna con un grande cartello in mano che si era posta sulla soglia del locale, coprendone la visuale. Totonno uscì da una porta laterale e si mise a leggere il cartello. La scritta diceva " Il proprietario di questo locale è un farabutto. E' un mese che non mi paga la merce che gli ho venduto. "

La donna era la macellaia del negozio a fianco.

Cazzo ecco perché Alberto non si faceva vedere!

Dopo un po' arrivò un'altra donna: era la fruttivendola con un altro cartello con la stessa scritta.

Tornato dentro, Totonno si accorse che Alberto stava parlando in modo animato con una persona: era un altro creditore.

A quel punto, avvicinatosi e chiedendo scusa all'astante, prese Alberto per un braccio, lo trascinò in cucina e lo ripulì di tutto l'oro, catenine, braccialetti e anelli, che portava addosso. E poi lo avvisò di ripagargli immediatamente il debito altrimenti gli avrebbe ripulito il locale.

L'uomo non batté ciglio e nel giro di un paio di settimane lo ripagò del tutto.

Ma dove cazzo aveva preso quei soldi?

Venne a sapere poi che il bellimbusto aveva rimesso su l'azienda di prodotti alimentari, associandosi ad un gruppo di zingari bianchi scozzesi e, sentendosi forte del loro appoggio, aveva cominciato a commerciare con i tanti italiani.

Questo era troppo! Pensò che fosse meglio fermarlo.

Un giorno, lo mandò a prelevare da due suoi amici scozzesi e dopo avergli data una rinfrescata, gli dette un aut-aut: o collaborava con lui oppure doveva cambiar zona, altrimenti avrebbe potuto avere guai seri.

Per fortuna ci pensò il buon Dio. Una mattina la moglie del triestino, svegliandosi lo trovò morto nel letto, per un attacco cardiaco.

A dir la verità a Totonno dispiacque molto e non poté mai perdonarsi il fatto che avrebbe potuto trattarlo meglio. In fondo non era cattivo, povero Albertone! Ma che vuoi farci? La morte non bussa mai, prima di entrare!

Dopo qualche tempo, per caso, nel ristorante di Angelo da Broxburn, incontrò quel Mario, amico di vecchia data, dal quale Antonio aveva rilevato il ristorante ad Edinburgo.

Con lui aveva lavorato insieme, negli anni '60 , nel ristorante "Marechiaro", sulla Hannover Street.

Erano i tempi in cui per pubblicizzare gli spaghetti in televisione, si mostrava una scena con un baffuto contadino italiano, con tanto di cappellaccio, munito di grandi forbici e un cestello, che andava sotto un albero e tagliava lunghi fili di pasta penzolanti dai rami. E guarda un po': la gente ci credeva!

Era il tempo in cui si vendevano zabaglioni freschi come dessert. Erano i tempi in cui, il primo di gennaio le ragazze facevano a gara per portarti a casa loro per il party di capodanno: sì, perché, secondo una vecchia tradizione scozzese, se la prima persona ad entrare in casa, allo scoccare della mezzanotte, è scuro di pelle, sarai fortunato per tutto l'anno. Di solito gli scozzesi si scurivano la faccia con la polvere di carbone ma poi, erano arrivati questi cazzi di italiani, dal colore scuro originale, che, oltretutto, non sporcavano, se tra un ballo e l'altro, si fosse finito col pomiciare. E poi sapevano fare l'amore.

Bei tempi!

I Carpenters erano ai primi posti della vendita dei dischi. I Beatles ed i Rolling Stones la facevano da padroni nelle discoteche.

Ogni giorno arrivavano sempre più giovani italiani, che, dopo i primi contratti nei grandi alberghi, come stagionali, si organizzavano i permessi di lavoro, col famoso Mister e si disperdevano nei primi ristoranti che andavano nascendo in città.

Un giorno, il proprietario del locale, dove Totonno lavorava come aiutante di cucina e Mario come capo ed unico cameriere, ebbe la bella idea di andare in vacanza e tornare al vecchio paese, per un paio di settimane.

Vincenzo, quello era il suo nome, era paesano di Mario e si fidava ciecamente di lui. Dopotutto, laggiù in Italia, erano vicini di casa e le loro famiglie si conoscevano da sempre.

" Mi raccomando – disse a Totonno - state attenti al lavoro. Starò via per un paio di settimane. Ci vedremo presto. Tu fa quello che ti dice Mario e vedrai che te la caverai bene. "

Poveraccio, non avrebbe mai immaginato a cosa andava incontro.

Infatti, appena tornato dalle vacanze, non solo non trovò più Mario ma non trovò nemmeno gli incassi che erano stati fatti: il bel Mario se l'era filata coi quattrini.

Aveva detto a Totonno: " Guarda che io, domani, non posso venire a lavorare. Debbo tornare di urgenza in Italia perché mia madre non sta bene." E, consegnategli le chiavi del locale " Ecco, apri tu, tanto domani torna Vincenzo e non ci saranno problemi! " aveva detto allontanandosi.

Sparì per un po' di tempo.

Si erano persi di vista per alcuni anni e quando si rincontrarono, Mario aveva i modi di fare da grande bisinissmen.

A Totonno, nel vederlo, venne subito in mente quel famoso giorno in cui Mario si presentò al lavoro con un paio di occhialoni da sole: aveva tutto il volto bruciacchiato. Quel bellimbusto aveva comprato una delle prime lampade abbronzanti ma poi vi si era addormentato davanti e si era svegliato con il volto in quelle condizioni. Gli veniva ancora da ridere, al solo ripensarci.

Quando si rividero sembrava che non avessero mai persi i contatti. Non ci furono i soliti: dove sei stato? O che fine hai fatto? E, ancora: sono anni che non ci si vede! Niente di tutto questo, l'unica domanda fu " Che fai adesso? "

Fu una domanda comune e quando Mario seppe del suo bisiniss, gli fece una proposta.

" Sai, Totò, io posso portare dei vini dall'Italia, fuori mano. Posso evitare di pagare la dogana.

Ti faccio un esempio: oggi, una cassa di sei boccioni da due litri l'uno, ai ristoratori, viene venduta per 26£, più il V.A.T. Io posso portarla fin qui in Scozia per 15 punti a cassa. Un ottimo prezzo, non ti pare?

Se tu la rivendi a 20 punti, puoi guadagnare 5 punti netti a cassa! "

" Embè, perché non lo fai? "

" Ti sembra facile avere a che fare con questi sheepshaggers. Per prima cosa pretendono una fattura, che io non posso fare. Secondo io non ho tempo per stare appresso a loro. Tu, invece, sei più conosciuto e poi hai già a che fare con loro. A te rimarrebbe più facile piazzare la merce. Non ti pare? - e, per meglio convincerlo,- tu la merce me la paghi solo dopo che l'avrai venduta. Che ne dici? - sembrava convincente - Non devi preoccuparti di niente! Io penserò al trasporto e ai pagamenti in Italia, al resto ci devi pensare tu."

L'offerta era veramente tentatrice. Perché no? Un attimo per pensarci e la decisione fu presa.

" All'inizio, possiamo provare con una piccola quantità. Vediamo come va e poi possiamo decidere sul da farsi " gli precisò Totonno. Era una cosa nuova per lui e voleva vederci chiaro.

" Non ti preoccupare. Tanto il rischio è sempre lo stesso, vuoi per tre o per quattro bancali o vuoi, per ventiquattro, tanti quanti ne può portare un TIR. Per me, l'unico problema è trovare dove scaricare la merce. Non posso portarla nel mio magazzino: là viene spesso la finanza. Se tu hai dove scaricarla il gioco è fatto. Vedrai che mi ringrazierai! "

E lui il posto adatto, lo aveva!

" Ok, se tu dici così, per me va bene - gli rispose - anzi, man mano che vendo, ti darò la tua parte. Così mi sta bene! Il posto è a disposizione: può contenere fino ad una decina di TIR. Non c'è problema, abbiamo anche il muletto per scaricare. Come vedi siamo attrezzati bene. Tu, piuttosto, dimmi soltanto, quando vuoi incominciare e noi saremo pronti, ok?"

"Va bene, per me va bene così- riprese Mario - mi devi dire, soltanto, dove si trova il magazzino. Al resto ci penserò io! "

E così fu!

A quel tempo, a Totonno si era aggregato un nuovo personaggio, un certo Ernesto, di origini napoletane.

Questi aveva cominciato a fare affari con lui, nel periodo in cui si lavorava a Glasgow.

Era un personaggio molto conosciuto in quella città e Totonno volle incontrarlo perché aveva sentito parlare molto bene di lui.

Ernesto era un tipo docile, come un agnello. Aveva fatto un po' di fortuna aggregandosi ad un gruppo di ebrei, coinvolti nei recuperi assicurativi. Ogni volta che per un incendio o per un'alluvione o per un'altra qualsiasi causa le assicurazioni intervenivano, pagando i danni subiti e ritirando le merci salvate dall'evento catastrofico, loro rivendevano tutto per pochi spiccioli, tanto per recuperare qualche cosa.

A quel punto interveniva Ernesto che comprava il tutto, per poi selezionarlo e rivenderlo, a prezzi convenientissimi. Ma poiché era un tipo buono e affabile, spesso veniva fregato!

Perciò pensò che avendo come amico Totonno, avrebbe potuto evitare le fregature. Al primo scarico dei vini Ernesto, avendo preso contatti in Glasgow e dintorni, cominciò a lavorare alacremente. Il vino gli veniva passato a 18 punti, pagamento al carico. Lui poteva venderlo al prezzo che riteneva più opportuno, erano cazzi suoi.

Turuzzo invece iniziò ad interessarsi della zona di Edinburgo: lui trovava i clienti e gli venivano riconosciuti 2 punti a cassa.

Totonno e i suoi ragazzi si spinsero più giù, fino a Manchester.

Fu durante uno di questi viaggi che, grazie al contatto con un amico in Italia, trovò un nuovo fornitore di vini, già esperto in questo lavoro. Si incontrarono appena fuori Manchester.

Era il proprietario di una vinicola nel centro Italia, un uomo già avanti negli anni, di poche parole ma convincente e molto esperto nel proprio campo.

" Questo è il nostro lavoro - esordì - con noi, vi troverete in buone mani e, data l'amicizia che mi lega con il nostro amico in Italia, vi posso fare un prezzo speciale. Vanno bene 10£ a cartone? "

Lui ed Ernesto si guardarono in faccia, cercando di non mostrare la loro sorpresa.

" A noi sembra un prezzo giusto. - fu Totonno a parlare - ma per i pagamenti, come facciamo? "

La risposta non si fece attendere: " La prima volta pagherete allo scarico, se non vi dispiace. Poi, col tempo, vedremo. Di sicuro troveremo una soluzione. L'unica cosa di cui ho bisogno è una società a cui intestare i documenti di trasporto. - continuò quello – Questa deve avere tutte le credenziali richieste, dal numero dell'incisa , al punto di dogana dove deve essere spedita la merce e la partita IVA."

" Non vi preoccupate, sono solo carte che vengono compilate in caso ci fosse un controllo e, se ciò avvenisse, le spese di sdoganamento saranno a mio carico. Se tutto va bene, invece, quelle carte verranno strappate, tanto non servono a niente. Che vuoi? Sono cose che possono succedere – sembrava un sapientone - ogni tanto fa anche bene che capitino questi imprevisti, serviranno a rendere più credibile l'attività.

Credetemi è tutto a posto, poi quello che rischia di più, sono io. Voi mi pagate solo a merce ricevuta, vi sta bene così? ”

Di meglio, sicuramente, non si poteva trovare.

“ Come no! - era ancora Totonno - Per noi sta bene, dateci solo il vostro numero di fax così, al più presto, possiamo spedirvi quanto richiesto.”

Scambiati i vari numeri di contatto, dopo la solita tazza di espresso e la solita stretta di mano, si separarono.

Sulla via del ritorno, fu Ernesto a venir fuori con una delle sue idee brillanti.

“ Io ho degli amici scozzesi che hanno una società per fare dei lavori a bluff. Se vuoi, posso presentarteli. Non si può mai sapere, potrebbero esserci utili.”

“ Ma tu li conosci bene? ”

“ Io conosco il boss - continuò l'amico - è un mio vicino di casa. Se la deve passare bene, cambia spesso macchina e sempre di grossa cilindrata.”

“ Ma che ce ne frega, a noi, delle macchine! - lo riprese, quasi infastidito - Quello che ci interessa è se hanno disponibilità! Non si può mai sapere. Ma se così fosse, possiamo coinvolgerli nei vini. Dopotutto, dove mangiano due possono mangiare anche tre, che ne dici?”

“ Veramente non so se vorranno partecipare, ma, credo, vale la pena provarci, non abbiamo niente da perdere.”

“ Ok - decise Totonno - chiamalo e vedi di combinare un appuntamento, se possibile, per domani stesso, a qualsiasi ora. ”

Ernesto, a quel punto, non esitò un attimo e telefonò subito al suo amico.

Poche parole e tutto fu stabilito: l'indomani pomeriggio si sarebbero incontrati al Mc Donald's dietro la corte, a Glasgow.

" Ok, ma come si chiama questo tuo amico? "chiese
Totonno
" Hamil. Ma non è un pakistano - fu la risposta - è una
abbreviazione per Hamilton! "
Quelle poche ore di viaggio passarono velocemente, tra
un parlare e l'altro, sul come organizzarsi con i nuovi
soci.
La cosa era semplice: abbassato il costo dei vini di 5£, se
ne potevano offrire 2,50£ ai nuovi soci, se quelli
avessero investito.
Il guadagno sarebbe stato corrisposto senza altre spese e
loro non si sarebbero dovuti preoccupare di niente.
La proposta sembrava giusta e poi discutendo si
sarebbero potuti trovare altri accordi.
L'unica cosa che restava da fare era trovare un altro
magazzino: meglio tenere le cose separate. Non si sa
mai, bisogna sempre essere previdenti.
Tra un hamburger e una coca cola, il giorno dopo
cominciarono a conoscersi.
Hamil sembrava una persona a posto, freddo e calmo,
all'inglese. Ascoltava interessato la proposta. Dopotutto,
poteva incrementare il proprio giro di affari. Era il
titolare ma non a suo nome, di una società la A to Z, che
già operava nel campo degli alcolici.
In quanto ai soldi, li avrebbe messi a disposizione nel
momento in cui la merce sarebbe arrivata.
Si fidava di Ernesto. D'altra parte sapeva i cazzi suoi,
non giocava d'azzardo.
La somma da investire era di 15.000£ per 1200 casse di
vino,.
Hamil, dopo la vendita, ne avrebbe ricevute 18.000, con
un guadagno netto di 3.000£.

Non era male se si fosse potuto vendere il tutto in una settimana!

Di quei viaggi, se ne potevano fare anche più di uno per settimana e i profitti sarebbero aumentati in proporzione.

Stabilito tutto, rimaneva, soltanto, di trovare un altro magazzino. Il che, come al solito, non fu difficile.

Tramite il fratello di Tony da Carnbroe, uno dei due ragazzi che pestarono il povero Albertone, fu messo in contatto con un certo Billy da Coatbridge, proprietario di un immenso locale. Era così grande che la metà era adibito a pista per Go-kart, una pista dove si svolgevano gare di principianti, con perfino dieci vetture per volta. Il tutto era organizzato come una vera gara, con tanto di starter e la premiazione del vincitore, con tanto di coppa e bottiglia di champagne, o meglio di spumante.

L'altra metà del magazzino era adibita a rimessa di pallettes, un U-Store, dove chiunque poteva depositare merci, pagando un tanto per lo spazio occupato.

Tutto veniva gestito dal vecchio George, uomo di fiducia e una volta sovraintendente nella miniera di carbone, appartenente al padre di Billy.

Erano bluenose, protestanti ma, a dir la verità, Totonno non aveva mai trovato gente più affabile ed onesta.

Billy era un dongiovanni, separato dalla moglie, cambiava donne continuamente, come cambiasse i calzini. Era sempre allegro, non lo si vedeva mai incazzato. La sua grande passione erano le moto, di grossa cilindrata, di quelle con il manubrio alla Easy Rider, munite di tutti gli accessori possibili. Lui, lasciava fare tutto a George, persino lo stabilire i costi di gestione per la merce da scaricare.

Infatti, fu lui a fissare il costo, sulle 250£ per settimana, somma giusta e ragionevole e, messo al corrente di quale merce si trattasse, non esitò un attimo a chiudere la trattativa.

Di lì ad una settimana arrivò il primo carico.

I TIR vennero accostati, con la porta posteriore, ad una porta che si alzava dall'interno.

Il livello del magazzino combaciava con il livello dei TIR ed anche i TIR potevano aggiustare l'altezza del cassone, con delle leve laterali.

In dieci minuti, tutto venne scaricato e, con un muletto, sistemato a dovere: il bianco separato dal rosso, ad un' altezza di quattro bancali per prodotto.

George diventò rapidamente competente di vini e si interessava a rivenderlo ai privati, tanto per arrotondare la sua paga settimanale.

Era uno di quei tipi che, non importa l'età, non disdegnavano, di imparare, cose nuove.

Totonno, con l'aiuto del figlio di Ernesto e gli altri aggregati, in una settimana, riuscì a piazzare tutta la merce e ordinatone altrettanta, fecero sì che il tutto fosse consegnato a dovere.

Manchester, comunque, era il mercato migliore. Laggiù, c'era un suo cliente che scaricava un TIR a settimana.

Non poteva mai dimenticare la volta che andò a consegnargli il primo carico.

Stabilito che i punti dovessero essere tutti in contanti, il giovane, di origine napoletana, li aspettò, con sua madre che teneva stretta fra le gambe una ventiquattrore nera e stava seduta, dietro una scrivania, quasi volesse nascondere ciò che aveva portato con sé.

Concluso lo scarico, si passò al pagamento e fu allora che l'anziana donna, se ne uscì con:

"Non si poteva aspettare fino a domani, per il pagamento? Son dovuta salire da Londra, di corsa, con tutti questi soldi. Ma forse non vi fidavate?" Il suo era un tono sarcastico!

Totonno la riprese all'istante: " Mettiamola così: se vi avessimo chiesto di pagarci in anticipo, voi vi sareste fidata? "

Al che, lei subito rispose: " Proprio no! Ma chi vi conosce? "

Fu a quel punto che la rintuzzarono: " E noi ci saremmo dovuti fidare di voi? Come dicono dalle parti vostre? Soldi in mano e cucca in terra! Giusto? "

Si chiarirono così e raggiunsero un ottimo accordo per entrambi.

Il capitale di Hamil veniva reinvestito di continuo.

Rimaneva, soltanto, di chiudere con quel Mario.

Non gli andava di essere stato fregato. Quel mariuolo gli aveva fatto pagare lo stesso vino, cinque punti in più. Furbo lui! Bastava che si fosse accontentato anche di 2.50£ per cassa, stava bene! Anche lui doveva guadagnare. Ma in quel modo invece, aveva dimostrato di essere ingordo e perciò, avrebbe dovuto pagare.

Così fece.

Scaricato l'ultimo TIR del suo vino, lo vendette tutto al solito amico di Manchester.

Intascato l'incasso, tenne per sé tutta la somma senza dare all'altro una lira.

Mario, se voleva, poteva andare dalla polizia e denunciarlo ma, di certo, non gli sarebbe convenuto. Dopotutto non avrebbe potuto denunciare qualcosa che, legalmente, non esisteva e, saputo il motivo, per il mancato pagamento, si mise la coda fra le gambe e assorbì il colpo. Chiuso quel capitolo ci si concentrò, per lo più, nella nuova avventura.

Un giorno Hamil gli chiese se poteva usare il suo deposito, per poter scaricare un po' di alcolici e qualche cartone di sigarette. Lui rispose che era possibile. Se ne doveva, soltanto, mettere al corrente i titolari .

Hamil lo riassicurò di non badare alle spese: avrebbe pagato ad ogni scarico.

A quel punto, dopo aver parlato con Giorgio, si decise per 250£ a scarico, purché tutto sparisse nel giro di qualche giorno.

No problem!

Si accordarono con Hamil per un prezzo di 500£ per scarico e, se avesse voluto, gli avrebbero potuto lasciare qualche bancale, di qualsiasi tipo di alcool, a prezzo di costo.

Così, dopo aver stabilito il da farsi, il giorno dopo scaricarono il primo TIR misto di whiskey, vodka e Bacardi.

Nemmeno il tempo di finire ed uno alla volta, cominciavano ad arrivare i furgoni bianchi, a caricare per poi, consegnare il tutto ai vari corner shop pakistani.

Nessun compratore poteva venire a caricare direttamente. Soltanto gli uomini di Hamil avevano l'autorizzazione e nessun altro.

Che bellezza! Quegli alcolici gli costavano 1£ per bottiglia, lui li rivendeva agli italiani ad £3 per bottiglia e in più guadagnava £250 ad ogni scarico: roba da matti!

E fu ancora Hamil a fargli capire come si potessero comprare i prodotti a quel prezzo.

Un giorno, lo invitò nel suo ufficio, se così si poteva chiamare, situato sopra, nel retro di un locale adibito a carrozzeria. L'officina non era un gran che, così piccola da poter contenere, appena, una sola vettura.

Si saliva da una scala laterale e lì, in un piccolo spazio dove non potevano sostare più di tre persone, da un fax partivano ordini come se partissero da Andorra, in Spagna.

Allo stesso fax arrivavano poi, in risposta, le etichette che le varie distillerie proponevano al posto delle loro originali, già sul mercato.

Una volta scelta la nuova etichetta, un emissario, che si trovava davvero in Andorra, rimetteva, tramite bonifici bancari, la somma dovuta, su fatture esenti da tasse e VAT.

Appena avuta conferma del pagamento, la distilleria rilasciava la merce che veniva caricata da trasportatori compiacenti, pagati 4.000£ a carico.

Così il gioco era fatto: la merce invece di andare in Andorra veniva scaricata in Scozia, evadendo tasse e VAT, per poi essere rivenduta, a metà prezzo del costo, sul mercato locale.

In fin dei conti Hamil si sentiva era un moderno Robin Hood, che soddisfaceva le esigenze della povera gente, per lo più famiglie che vivevano a livello di povertà, sostenute dai benefici sociali che ricevevano dallo stato, e che, a malapena, riuscivano a mettere sotto i denti, un mangiare sostanzioso.

Però, bevevano e fumavano!

Così, non potendosi permettere di pagare oltre 7 sterline per una bottiglia di spirito nei locali autorizzati, ricorrevano agli amici di Hamil per soddisfare le loro esigenze a metà prezzo.

Le sigarette venivano contrabbandate direttamente dall'estero, vuoi dalla Spagna vuoi dall'Egitto e, passate ai vari rivenditori di strada, per lo più basati nelle zone di mercato o nelle varie rivendite dei car boot sale.

Questi ultimi, erano dei mercatini dove pagando una piccola tariffa direttamente al proprietario del posto adibito a mercato, ci si poteva recarsi con la propria vettura e vendere al pubblico direttamente dal cofano. Vi si poteva trovare di tutto e per lo più si trattava di merce rubata o di seconda mano.

Il tabacco da arrotolare era una manna dal cielo: se ne vendevano a tonnellate, dopotutto i poveri Cristi, che ne facevano uso, risparmiavano fino a 3 sterline per pacchetto.

Erano i tempi di Madonna e delle Spice girls. Le radio trasmettevano all'infinito i loro ultimi dischi e mai, come allora, il vestire all'italiana, aveva raggiunto cifre di vendita altissime.

Ormai quella moda sembrava fosse diventata una scelta precisa e per lo più i giovani ostentavano il loro nuovo look, così diverso dagli altri.

Per essere al top, dovevi saper fare la differenza e questo lo avevano imparato, oltre che dalla grande massa di giovani lavoratori italiani nella ristorazione, anche dall'arrivo dei giocatori di calcio introdotti, come non mai, prima di allora, nei vari club di football.

I calciatori avevano reso popolare un nuovo stile di vita che trasmettevano ai loro tifosi, e non solo.

Erano riusciti, perfino, a trasformare il modo di nutrirsi dei loro colleghi. Si mangiava molta pasta e, gradualmente, stavano cambiando l'usanza di bere tanta birra, il giorno prima di un incontro di calcio.

L' Italian look aveva preso piede. Era strano, una volta in Italia andava di moda il look all'inglese, camicie all'inglese, scarpe all'inglese anche i capelli si erano allungati, facendo nascere quelli che sarebbero stati chiamati "capelloni". E adesso in Inghilterra stava accadendo il contrario. Era un mondo strano!

Comunque! Anyway!

Era, di solito, al weekend che Totonno, caricata la famiglia nella sua Mercedes station-wagon, se ne usciva da casa, inoltrandosi in un mistery tour, così lo definiva sua moglie, avventurandosi tra le immense vallate verdi, ricolme di greggi vaganti, senza pastori e recinzioni.

Era bello, tempo permettendo, sedersi sulla sponda di un ruscello rumoroso, tra balzi nelle rocce, fresco di acqua limpida e pura, leggera come una foglia, per consumare il pranzo preparato la sera prima, a casa.

Era riposante, dopo aver consumato il tutto, distendersi su una calda coperta ed assopirsi, fuggendo nel tempo: era un momento di evasione dalla solita vita.

Tutto intorno era pace e quiete: tutto veniva rubato dall'insieme colorato da verdi sfumati. Voli bassi di uccelli si univano al cielo macchiato di azzurro che sfumava nel grigio.

Così, sdraiato sull'erba, le mani raccolte sotto la testa, tutti i rumori della città, il traffico monotono, per il modo educato di guidare, gli odori di cucina misti dei cinesi e degli indiani, dei ristoranti italiani, dei Fish & Chips: tutto svaniva nel nulla.

Il corpo riprendeva il suo peso, unico, nell'intorno; la mente spaziava lontano, portandoti tra piazze di paese rumorose, nelle sere d'estate tra riunioni di famiglia e canti popolari. Gli veniva da ripensare al padre quando, a tavola, usava rivolgersi alla moglie scozzese, con il solito "One glass red, please", l'unica frase in inglese imparata da qualche soldato, allora nemico, durante la guerra passata!

Bei tempi, quelli! Per Totonno la giovinezza in quel mondo lontano era rimasta incollata per sempre sulle spalle, come uno scialle freddo.

In paese, gli inverni erano lunghi da passare. Le usanze erano sempre le stesse fin dai vecchi tempi: si viveva in un mondo chiuso e monotono. Si usciva dal paese soltanto per andar militare. Gli unici svaghi e gli unici posti di ritrovo erano la saletta dell'Azione Cattolica. Qualche domenica ci si organizzava, in case private, per balli sulla mattonella: solo così ci si poteva stringere con qualche giovincella, strusciandosi a vicenda …. godendo per quell'attimo … poi… il nulla!

L'estate, invece, ci si perdeva a tuffarsi, nudi, nelle acque fresche della forma per poi, a sera, distendersi sul prato della piazza, parlando di questa o quella ragazza, che aveva alzato gli occhi, incrociando lo sguardo .

Non si sarebbe mai saputo, chi di loro volesse guardare! E, intanto, la fantasia volava! Ma la noia, la noia era veramente assillante!

Erano gli anni sessanta. Forse gli unici a non annoiarsi erano i giovani apprendisti artigiani, sempre impegnati nei loro mestieri. Poi c'era chi come lui, non riusciva ad accontentarsi. Quel mondo gli andava stretto.

Lui era un sognatore.

Col suo gruppo di amici usava sollazzarsi, nelle domeniche senza ballo, grigie e vuote, finendo a sera, a schiamazzare ubriachi e allegri, sotto le finestre di qualche giovincella spasimante.

E all'indomani la solita vita, giorno dopo giorno, sempre la stessa: senza una lira in tasca e sempre alla caccia di una venti lire per comprare una Nazionale ed una Esportazione, unica goduria dopo essersi masturbati.

Era stufo di chiedere paghette al povero padre.

Ma ecco che un giorno tutte le brutte nuvole sembrarono svanire: aveva trovato il modo di poter emigrare in Scozia, senza costare spese per la famiglia. Il datore di lavoro avrebbe pensato al tutto, trattenendo, poi dalla sua paga, un po' per volta, quanto anticipato.

Aveva deciso e niente riuscì a fermarlo!

Quelle giovincelle a caccia del 27, un giorno lo avrebbero sicuramente cercato! Tutti gli amici sarebbero restati, invece, avvolti in quel 68!

Nel tempo, non riusciva mai a spiegarsi come tutti quei scimmiottanti dirigenti di Azione Cattolica, un giorno, fossero divenuti degli ossequianti militanti comunisti: valli a capire, tutti professori e professionisti, con due stipendi in casa!

Sì, al contrario dei tanti, lui aveva sposato una brava donna scozzese, di origini irlandesi.

Poveretta fu lei a contrarre un brutt'affare. L'aveva fatta viaggiare dalla Scozia all'Italia, lasciando sempre la casa per metterne su un'altra. Era riuscita a dargli, nel frattempo cinque figli, nati chi qui chi là; aveva cercato sempre di darle ciò che non aveva potuto avere. A modo suo la amava da morire.

Anche lei lo amava ma mai gliene aveva dato modo di accorgersene.

Parlava poco, era più alta di lui e poveretta usava scarpe
basse per poter attenuare la differenza di altezza. L'aveva
conosciuta in una discoteca, nei primi tempi che era
arrivato in quel paese. Si erano amati pazzamente e
inconsapevolmente, dopo quella sera, lei era rimasta
incinta.

Avrebbe potuto lasciarla, sarebbe potuto andar via.

Invece no. La sposò un mattino di primavera, in un
Register Office senza nemmeno i testimoni. Fu
l'impiegato dell'ufficio a scendere in strada e fermare un
paio di tizi di passaggio, invitandoli ad apporre la firma.
Un bacio e mano nella mano e gli sposi entrarono nel
pub, proprio là di fronte e, dopo aver consumato una
busta di patatine con una pinta di birra, lui l'accompagnò
a casa per poi tornare al lavoro.

Le diceva sempre: " Siamo gli unici sposi che possiamo
ricordare il menù del giorno del matrimonio ! "

Scherzava ma al ripensarci, gli veniva, alla gola, un nodo
di tristezza.

Eppure fu bello!

Sua moglie, Mary Ryan, era di origini irlandesi, come si
capiva dal suo nome.

Era nata, poco prima della fine della seconda guerra
mondiale, da un incontro amoroso avvenuto in un
periodo di licenza durante il servizio militare del padre.

A Mary non piaceva mai parlare della propria famiglia e
con il tempo Totonno ne scoprì il perché.

Suo padre, Danny Ryan, era figlio di contadini irlandesi
venuti a stabilirsi in Scozia nel periodo della grande
carestia di patate, dalla loro cara Irlanda. Nelle varie
peregrinazioni, da un proprietario terriero e l'altro, dalla
zona ovest approdarono nel territorio di Sterlingshire,
precisamente nel villaggio minerario di Alva.

Lì, dopo un iniziale periodo di lavoro come contadini, lui ed altri due fratelli, presero a lavorare in una miniera di carbone. La paga era buona e il lavoro pur essendo sporco e insalubre, era continuo. Purtroppo era anche l'unico modo per portare a casa una paga appena decente.

Seguendo le aperture di miniere più redditizie, come tante formiche nere a caccia di nuove risorse, molti cattolici si erano spostati a Cawe, un nuovo piccolo villaggio minerario dove trovavano facilmente lavoro.

Ci si rendeva conto dell'esistenza del paesino, nascosto da colline coltivate a barbabietole, non appena si svoltava su una stradina tortuosa e si attraversava un ponticello, appena dopo la grande segheria di legnami industriali, seguendo una viuzza sterrata che costeggiava le basse case, dimora di quei lavoratori dalle facce sempre scure, sporche di polvere di carbon fossile.

Non importava quante volte ci si lavasse, rimaneva sempre impresso sul volto, un alone scuro, simile ad una velina.

La durezza fisica di quel terribile lavoro logorava anche l'animo e, perciò, il volto ne rispecchiava, sempre, le sensazioni stoicamente nascoste.

Era durante il fine settimana, che quegli uomini cercavano di annegare le loro tristezze nei tanti bicchieri di birra e whiskey nei vari pub del posto. Si parlava e sempre delle stesse cose: l'IRA, era l'argomento più discusso.

Si beveva e si parlava e più si beveva e più la rabbia contro gli oppositori si faceva prorompente.

Da lì allo scontro bastava il tempo di trovarsi fuori, nell'aria fredda, dove appena si scorgeva un blue nose, ci si azzuffava in pestaggi duri.

Nel villaggio vigeva la separazione tra le due comunità religiose. I protestanti abitavano sulla collina per poter guardare dall'alto le Miners' Row, le schiere di povere abitazioni dei minatori cattolici.

Il sovrintendente della miniera era uomo rude di carattere ma di un animo dolce e affabile, con un nome prettamente protestante, William, rinnovando e portando avanti il ricordo di quell'uomo William of Orange, che, tanti anni prima, aveva sconfitto l'esercito cattolico Irlandese.

Anch'egli era uomo ligio al proprio lavoro ed alle leggi stabilite. Aveva una famiglia numerosa che governava con la stessa inflessione del suo comando in miniera.

Aveva persino dato inizio ad una banda musicale nel circolo dei minatori e se ne faceva grande vanto, mostrandosi, in prima fila, a testa alta, in divisa d'occasione, come mostrato in una foto d'epoca.

Era nel fine settimana che i benestanti membri del circolo si ritrovavano nel loro locale privato e lì, a suon di musica, si accompagnavano le lunghe bevute di boccali di birra.

Più la birra scorreva, più quei suoni e quei canti, da un inizio musicalmente adatto alle danze di quel tempo cominciavano ad intonarsi in vecchi inni tradizionali, inneggianti al valore del protestantesimo e insultando il papato e i suoi seguaci.

Il flauto ne stigmatizzava l'essenza!

Di solito, i ragazzi cattolici, fumanti di un vapore corporeo e respiratorio che si perdeva nell'aria fredda della serata, si raggruppavano vicino alle finestre per poter guardare dentro dove quegli altri, ballavano allegri e spensierati, avvolti dal caldo fumo delle pipe, misto a quello del camino, stracolmo di fuoco.

Fu in una di quelle sere, che Tara Ryan, così veniva chiamato Danny, vide per la prima volta Christine, la figlia del suo boss, il sovraintendente.

Lei era bianca di carnagione, i biondi capelli lunghi le si posavano sulle spalle incorniciando quel delizioso volto, un po' scarnito. Gli occhi verdi si perdevano sotto la luce dei lumi, il lungo vestito non riusciva a nascondere la bellezza del corpo. Era minuta ma a lui appariva immensa!

L'aveva osservata dalla finestra del circolo per quasi tutta la sera, fino a quando la vide uscire.

Tara, appoggiato con la schiena al muretto davanti all'entrata, con una coppola sulle ventitré, il camicione bianco infilato nei pantaloni scuri, una mano posta sotto la bretella, all'altezza della pancia, secca e scheletrita mentre l'altra reggeva la pipa fumante, al passaggio della giovane donna, mentre gli altri parlavano animosamente, rimase muto e impassibile.

La guardò per un attimo sfuggente.

Lei, passandogli davanti, a testa bassa, aveva notato quello sguardo insidioso, che sentì come penetrarla.

Si sentì una stretta allo stomaco come non le era mai successo prima!

Un attimo … e, poi rallentando il passo, sembrò volesse vederlo meglio.

" Non essere stupida, sai a cosa potresti andare incontro! "

Smise di pensare, allungando il passo, quasi per sfuggire quella tentazione.

Ma una strana sensazione l'aveva assalita.

Tara le era apparso come un giovane leone, in mezzo a quegli altri che gli stavano attorno.

Lui si staccò dal gruppo e la seguì a passo veloce.

La raggiunse quasi vicino la casa di lei, nella penombra.
Un attimo.

Una parola.

" Fermati, aspetta, dimmi come ti chiami? "

" Non posso parlarti - rispose lei intimorita e
volgendogli le spalle - tu sei un cattolico! "

" Che importa? - insistette lui - se è per questo tu sei una
proty ma io voglio conoscerti lo stesso. Dai dimmi come
ti chiami ! "

Quell'insistenza, quasi arrogante, la colpì ancora di più.

" Il mio nome è Christine " rispose lei, voltandosi e
senza accorgersene

" Brava! Io sono Danny Ryan, ma tutti mi chiamano
Tara " esplose lui in una gioia evidente, tanto luceva il
suo volto, anche in quel grigiore tutto intorno.

" Perché ti chiamano così? E' un nome strano! "
continuò lei, fermandosi senza accorgersene.
Sembrava riaddolcita.

" Vedi - continuò lui, mentre arrivavano alla porta di
casa - Tara era un grande re Irlandese nei tempi passati.
Era duro come una pietra ma con un cuore tenero come
l'erba che calpestava. La stessa cosa dicono di me. Ecco
perché mi chiamano così ! "

" Io non ne so niente della vostra Irlanda. Però è bello
quello che dici. " gli rispose lei con un tono dolce
cercando, invano, di sfuggire quegli occhi penetranti.

E lui, insistendo, con un pizzico di ardore,

" Vorrei rincontrarti, se puoi. " le chiese
sommessamente.

" Per adesso meglio di no - continuò lei, a malincuore -
non voglio che si creino problemi. Credo che tu sai
come la pensano i miei. "

" Lo so, lo so! Però dimmi se posso avere la speranza di rivederti ."

" Puoi sperare! "disse lei, con un leggero sorriso sulle labbra, mentre, velocemente, rientrava in casa.

Tara non poteva credere a sé stesso. Con le mani nelle tasche, dando un calcio a qualche ciottolo, a testa bassa, se ne tornò verso i compagni.

Chissà quanto avrebbe dovuto aspettare?

Che importava, ne valeva la pena!

Da quella sera, tutto gli sembrò più bello, anche il duro lavoro in miniera cominciò a sembrargli più sopportabile.

Il continuo pensare di incontrarla di nuovo sembrava tenerlo sospeso al di sopra dei problemi terreni.

D'altra parte, se tutto fosse continuato e finito in un matrimonio, anche lui avrebbe dovuto affrontare i giudizi severi dei propri familiari, contrari ad unioni con protestanti.

Si rese conto di poter affrontare tutti e tutto quando capì di amarla tanto. Se ne fregò, di tutto!

Fuggirono insieme, in una notte d'estate, avvinghiati l'uno all'altra, attraversando i campi di patate, evitando l'unica strada dove sarebbero potuti esser visti.

Dormirono per due notti all'addiaccio, in un casolare abbandonato verso Plin.

Tornarono a casa dopo il fatto compiuto.

Tara sapeva di averla fatta grossa , affrontò tutti col coraggio che lo rendeva particolare.

Riuscì, con un po' di pazienza, a calmare gli animi delle due famiglie e, dopo essere andati a vivere da soli, dentro casa, i problemi esterni svanivano come le fiammelle del carbone bruciante che si alzavano, vorticosamente, rincorrendosi su verso la cappa del camino.

Ebbero una bella prole e li educarono senza imposizioni di religioni.

Quando sua moglie andava a trovare i suoi familiari, " i piccoli Ryan ", così li chiamavano in quella casa, venivano accolti in cucina. A loro era proibito sedersi a tavola con gli altri di casa.

Lo stesso accadeva quando si andava a casa dei genitori di Tara.

Per loro fortuna avveniva soltanto a Natale e Pasqua! Dopo aver lavorato tutta la settimana in miniera, portando a casa la paga, Tara manteneva per sé pochi spiccioli, abbastanza per qualche birra.

Usava vestirsi con decoro e, una volta baciata la moglie, a piedi se ne andava con gli amici, fino a un bel po' di miglia lontano da casa e lì, nel solito pub, giù con le solite bevute di birra. Là, come sempre, si cantavano canzoni tradizionali irlandesi: era il pub dei cattolici! Fuori, quasi sempre, si veniva alle mani con i rivali protestanti. Poi, sbronzi e malconci, si tornava a casa tra canti e schiamazzi.

Lui, come ogni sabato sera, appena a casa, andava verso il camino, e gridando di aver peccato contro Dio, cominciava a spogliarsi e gettare nel fuoco gli abiti impregnati da quelle trasgressioni.

Era così ogni fine settimana. E lei, la sua adorata Chris lo accudiva con amore fino al mattino. Il calore della piccola casa sembrava coprire commossa ogni avversità. Ma con il tempo, tutto cambiò.

Fu lei a lasciarlo per prima: un male incurabile l'aveva consumata lentamente e inesorabilmente.

Se ne andò alle prime ore dell'alba di un giorno di inverno, lasciandolo solo, con tutti quei figli.

Da allora Tara si lasciò andare. Niente riusciva a sanargli quella terribile ferita. La vita cominciò ad essergli sempre più monotona e immancabilmente si rifugiò nel bere.

Il suo lavoro in miniera era diverso da quello degli altri. Data l'esperienza fatta in guerra, era stato addetto al posizionamento delle cariche di dinamite, quindi,addentrandosi nei bassi cunicoli, doveva fare dei buchi a candela, dove introdurre l'esplosivo che poi, a distanza dovuta, avrebbe fatto brillare.

Si dice che quel maledetto giorno stesse insegnando ad un giovane quel lavoro pericoloso.

Sta di fatto che, là in fondo alla miniera, ci fu una grande esplosione e, dopo che tutti gli altri erano risaliti in superficie, ci si accorse che lui era rimasto, sotto gli ammassi di carbone, morto!

Forse, pensò qualcuno, volle raggiungere la sua tanto amata Christine.

Nel giorno del funerale di Tara, i gabbiani che, dal lontano mare, arrivavano fin laggiù, sembrava avessero mutato il loro festoso rumoreggiare in un continuo pianto.

I campi di patate, sempre verdi e muti, si stendevano come un manto verde e morbido quasi a ricoprire i corpi di chi fu.

Il vento freddo, lungo e pungente si spandeva all'orizzonte, mugolando ogni volta che si inoltrava tra le colline.

In un attimo, la famiglia si sgretolò: i due maschi, i più grandi, abbandonarono gli altri.

Le gemelle vennero messe in un collegio di monache mentre la più grande delle sorelle se ne andò a vivere nei bassifondi di Glasgow, tra i pubs della Barrowland.

Le ultime due ragazze furono sballottate, qua e là, da una all'altra sorella di Tara, fino a che, arrivata la maggiore età, il più grande dei fratelli, quello sposato, le sistemò: Mary andò a lavorare in un albergo mentre la più piccola venne messa in un convento di monache ad Edinburgo. Col tempo tutti dimenticarono. Non riuscivano nemmeno a ricordare dove quei due amanti fossero seppelliti.

Fu Totonno ad insistere con sua moglie al riguardo. Fece delle indagini e riuscì a localizzare il punto esatto dove i due erano stati seppelliti, nel cimitero di Bunnockburn.

Non una pietra a lapide, non un nome inciso a riconoscimento ma Dio, sì, ci aveva pensato: sul muretto che delimitava le parti del cimitero, proprio a ridosso della tomba, aveva fatto germogliare delle violette selvatiche.

Era strano, ogni tomba aveva i propri vasi di fiori, soltanto lì, dove nessuno mai si recava, il buon Dio aveva pianto le sue lacrime che, ad ogni primavera, si tramutavano in quei fiori odorosi e colorati.

Da quella volta, ogni domenica fu un appuntamento con i defunti. Furono posati i primi vasi di fiori, una piccola preghiera e poi via si tornava nel mondo che li avvinghiava: colline rigonfie, rivestite di color ocra mischiati a terra di Siena, odore di erica che avvolgevano gli spazi lontani, distesi e inverditi, invitandoti al riposo, all' abbandono.

Di solito ci si fermava a Callander, piccolo borgo a nord-ovest di Sterling.

Sempre la stessa sensazione, strano: gli sembrava di essere sempre vissuto lì.

Col cono di gelato in mano, si passeggiava lungo l'unica strada, incastrata tra le casette basse, tipiche scozzesi, che si stendevano, allungandosi come lucertola al sole.

C'era, però, qualche cosa che lo attirava sempre in quel luogo, qualche cosa di misterioso. Venne a sapere più tardi, che lì, nei tempi lontani, vi era posto un avamposto romano e, infatti, gli furono mostrate delle tracce di mura che indicavano l'esistenza, in loco, di un accampamento e di alcune terme. Qualcuno, come il vecchio amico, il dottor Murdock, aveva ipotizzato che lì fosse nato Ponzio Pilato, da un console romano che ne comandava la postazione.

Lui, amante della storia antica, la prese come un presentimento. Cominciò a pensare che quella storia romanica, involontariamente, fosse stato il mistero della sua attrazione per quel luogo.

Strano, perché quando venne a conoscenza del tutto, smise di tornarci.

Vallo a capire!

Passando per Callander, si proseguiva, lungo il lago di Loch Lomond per risalire fino a Fort William, tra vallate ricoperte di erica e ruscelli, sempre scroscianti di acque limpide e leggere.

Fermandosi in una di quelle larghe gole e tendendo l'orecchio all'ascolto, arrivavano suoni lontani nel tempo, misti a violini e tamburelli. La cornamusa seducente si perdeva tra il suono di una armonica languida e avvolgente: tutto intorno era pace.

L'Italia ha le proprie bellezze, cantate da poeti e scrittori, che ne hanno descritto le belle fattezze tra colori vividi e lucenti. E' sempre stata il giardino d'Europa ma, a dire il vero, quello che si provava tra quelle langhe sperdute, non l'aveva provato, nemmeno, nei lunghi mesi di campeggio, da adolescente, alle falde della Maiella.

C'era qualcosa di affascinante e misterioso che ti avvolgeva in quei paesaggi mai dipinti e mai parlati e, forse, era proprio questo il segreto!

Anche i versi di quel Robert Burns sembravano perdersi tra le sue bonnie girls, rimaste lì, quasi fantasmi evanescenti, tra le eriche fiorite e i cervi vaganti.

Da qui a Culloden il tratto era di appena, qualche altra oretta e, qui, la vera e tragica pace.

Il posto non era altro che una lunga distesa di brughiera che si estendeva lungo le basse falde di un terreno rialzato, coperta di fiori selvatici che si inseguivano, ondulandosi sul terreno sbalzante, tra colori misti dal grande artista sovrannaturale.

Qui, tra i sentieri marcati con i nomi di clan ormai sciolti, o meglio, disciolti, non volavano uccelli, non volavano farfalle, non un brusio anche se un venticello accarezzava quei rovi.

Era stato tanto, il pianto speso dalle madri e dalle spose di quei prodi guerrieri, che, con esso, il tutto sembrava essersi bagnato e fecondato.

Quei luoghi e la natura stessa, eterna e compassionevole, non dovevano essere disturbati nella quiete avvolta dall'intorno.

Là, erano state sconfitte le ultime resistenze dei rimanenti clan scozzesi, nel non piegarsi al giogo inglese.

Lì, ogni masso di pietra, riportava il nome di quei valorosi clan.

Il mare si vedeva limpido,a distanza, fino all'orizzonte, rilasciando voli di gabbiani fuggenti e rumorosi, che sembrava evitassero di sorvolare la zona, quasi rispettandone il silenzio.

Che pace!

Da lì, seguendo per Elgin si discendeva per la whiskey trail, lungo un rigagnolo rumoroso e, a volte, rigonfio che riforniva con le proprie acque fresche e leggere, le varie distillerie di puro malto scozzese.

Da lontano, le nevose vette del Ben Nevis annunciavano l'arrivo della via per Perth.

I fiumi non erano altro che un brulicar di salmoni che tornavano al luogo di origine, per depositarvi le uova; boschi di abeti erano rasati a mo' di testa d'uomo, qua e là, a tratti, il nuovo trapianto di fusti giovani predicevano il rinascere di una nuova folta chioma verdeggiante.

Da lì a poco, il ritorno ai rumori e alla vita di ogni giorno non era lontano. Ben presto, di nuovo a casa. Ancora un altro giorno, come tanti altri, vendendo merci e contando punti.

Erano quelli i tempi, in cui, anche gli sheepshagger, dovettero adeguarsi ai tempi, che andavano cambiando.

Fu Angelo, un giorno ad avvicinare Totonno, per un consiglio.

" Vedi - gli disse - ho un problema. Una mia vecchia zia mi ha regalato 250.000 punti ma non so come portarli qui. Forse tu sai come fare, perché non mi aiuti ? "

" Veramente c'è un modo ! - gli balenò subito una bella idea per racimolare qualche punto in più - Io ho un fratello in Italia che gestisce una compagnia finanziaria. Quello che puoi fare è andare da lui, consegnargli la somma, nello stesso tempo fai una richiesta di finanziamento, per comprare una proprietà o per ristrutturare l'azienda, decidi tu. Quando ti verrà approvato, la somma ti verrà consegnata legalmente tramite banca, a destinazione. Che te ne pare ? "

" Ma quanto può costarmi tutto questo ? " gli chiese Angelo

" Né più né meno delle spese che percepisce ogni finanziaria. Ok ? "

" Ok, mi sembra una buona idea. Ti farò sapere se ne avrò bisogno. "

Intanto aveva saputo che la banca locale in Italia stava richiamando tutti i depositari stranieri che a causa delle leggi antimafia, dovevano dimostrare la provenienza legale di quelle somme.

A questo punto che fare?

Bisognava riprendere la maggior parte di quei denari e riportarli in Scozia, per poi reinvestirli in nuove attività. Qualcuno allora escogitò un modo semplice e legale.

In poche parole ci si recava a Montecarlo, nel casinò, portando con sé, somme divise tra due o tre individui della stessa famiglia. Questi soldi venivano cambiati in fiche da gioco ma nessuno avrebbe giocato.

Trascorrevano la serata a mangiare a sbafo, a chiacchierare, mettendo solo qualche monetina nelle slot machine e alla fine si recavano alla cassa ad incassare, in contanti, le fiche, come fossero state delle vincite.

Quindi i soldi che ritiravano, con tanto di ricevuta, erano soldi vinti al gioco: nessuno poteva dimostrare il contrario.

A quel punto, il denaro veniva introdotto legalmente in Scozia, investito per lo più in lussuosi ristoranti, tanto da arrivare a spendere milioni di sterline, dichiarati alle tasse come propri investimenti da defalcare, un domani, dai profitti e così il gioco era fatto: quello che avevano rubato allo stato, tornava sul mercato, a ingrandire il loro bisinis.

E bravi gli sheepshaggers !

Ormai, quei nuovi ristoranti nascevano come funghi.

I Fish & Chips, rivestiti da marmi di Carrara e abbelliti da schermi giganti, dove venivano proiettati filmati di vita paesana, erano ormai diventati locali di lusso. Le cose venivano fatte sempre in modo da superare tutti gli altri. Pian piano ai ristoranti subentrarono suntuose sale da banchetto. Ma il settore si saturò presto. Bisognava allora trovare nuove strutture e nuovi commerci per poter giustificare tutte quelle somme reinvestite.

I nuovi interessi si riversarono nella compra-vendita di immobili fatiscenti. Rimessi a nuovo, rendevano parecchio. Le catapecchie venivano ristrutturate, modificate e dopo essere rimesse a nuovo, venivano reintrodotte sul mercato in vendita o in affitto.

La maggior parte degli immobili venivano affittati a bisognosi, le cui spese venivano pagate dal governo: soldi sicuri!

Ormai, tutto, sembrava girasse a loro favore.

Anche le loro autovetture cominciavano a cambiare.

Mai nessuno, prima di allora, aveva ostentato un tenore di vita superiore alle proprie possibilità ma poi qualche Ferrari cominciò a circolare tranquillamente qua e là per le strade.

Anche giù, al paese, le cose erano sistemate a dovere! E pensare che lì, con i soldi fregati allo stato britannico, qualcuno era riuscito a costruire un palazzo, poi,affittato come caserma, ai carabinieri!

Laggiù, le proprietà acquisite, si perdevano.

Qualcuno non sapeva nemmeno quanti appartamenti possedesse in Italia; ognuno costruiva la propria villa più grande di quella dell'altro; ognuno mostrava di possedere una Ferrari più nuova dell'altro.

Passando dalle parti di Villa Latina, in una sera d'estate, bastava chiudere per un attimo gli occhi e sembrava di trovarsi a Montecarlo, tanto erano le macchine lussuose e di alta cilindrata che scorrazzavano per l'unica strada: era la nuova Scozia o meglio, la nuova Svizzera!

A Totonno, invece, le cose erano cominciate ad andare male. Sua moglie aveva avuto sempre ragione quando lo richiamava per i suoi comportamenti troppo spavaldi.

" Stai attento - gli ripeteva ogni volta che usciva - ricordati che non sei un fantasma! "

Ma lui, come al solito, sottovalutava il fatto che in Scozia non si incontravano pattuglie di polizia o finanza che controllassero il traffico e le merci. Non aveva pensato minimamente al fatto che, in quel paese, tutto funziona in base al fatto che perfino il tuo vicino di casa può essere un confidente della legge. Là non esiste omertà. E poi, lui stesso, con quel carattere menefreghista, si era un po' "allargato", come suol dirsi.

Una delle cose più belle a cui teneva tanto, era la grande casa che riuscì a comprare a Chapelhall.

Tramite un amico bluenose era riuscito a falsificare i suoi estratti conto bancari, aumentandone i depositi, a centinaia di migliaia di sterline.

Dopodiché, avvicinata una società finanziaria, riuscì ad avere in prestito la somma che gli serviva per comprarsi la casa, "the House" così chiamata dai residenti del posto, in realtà una grande villa.

Il bello fu che, non avendo, o meglio, non potendo dimostrare il possesso di liquidità da dare come deposito, fu lo stesso venditore della proprietà a versare il 20% del costo totale.

Il tutto fu immediatamente ripagato con un assegno circolare, rilasciato dalla banca, depositaria del prestito, all'avvocato del venditore. In poche parole con una mano pagava, con un'altra incassava. Così il gioco era completato: dalla mattina alla sera si era ritrovato proprietario di una bellissima tenuta.

La casa era situata all'ingresso del paese.

Chapelhall era uno di quei tanti paeselli, nati attorno a miniere di carbone.

Vi era la solita, unica lunga strada, alla OK Corral: due persone, infatti, ognuna dal lato opposto, si sarebbero potuti colpire con un colpo di pistola.

Tutta la villa era circondata da un alto muro di mattoni rossi, che costeggiava la strada principale.

Si entrava da un cancello salendo su una piccola rampa, che curvava verso sinistra.

La strada poi si inoltrava tra due file di bassi muretti fatti degli stessi mattoni che a sera, illuminati da fari posizionati a sbalzi, ti accompagnavano fin davanti alla casa, in un parcheggio a mezza luna.

Lungo il muro di cinta erano stati piantati dodici alberi di castagno, distanziati per più di un paio di metri l'uno dall'altro. Per Totonno quelli erano i dodici apostoli. Le loro folte chiome frondose erano ricettacolo di scoiattoli e gazze-ladre.

La casa appariva in tutta la sua immensità, grigia, alta due piani, rialzata dal piano del parcheggio da due piccole rampe di scale, ai lati della quale, due roseti bianchi e rossi, avvolgevano il visitatore con il loro profumo mentre saliva verso l'entrata.

Sul lato sinistro, verso la fine della casa, era posizionato un grande garage, tanto grande da contenere fino a cinque autovetture.

L'entrata centrale era incassata tra due colonne che sostenevano una piccola tettoia, ai cui lati si aprivano due enormi finestroni, con i vetri doppi.

Percorrendo un pavimento rivestito di mattoni colorati e incastrati fra di loro a formare dei graziosi motivi, si arrivava alla porta-vetrata della cucina. Questa era lunga quanto un quarto del fabbricato mentre gli altri tre quarti davano spazio ad un grande salone illuminato, alla sala bigliardo e alle camere per gli ospiti.

Dall'entrata centrale, dopo il vestibolo, tramite una porta a vetri colorati, attraverso un corto corridoio, si arrivava alla scala che portava sul piano superiore.

Sul pianerottolo dopo la prima rampa, sulla parete, si staccava una bellissima vetrata a mosaico colorato rappresentante una fata avvolta da fiori multicolori e dal soffitto scendeva un enorme lampadario a gocce.

Dopo la seconda ed ultima rampa, delimitato da un ballatoio in legno, si apriva un largo corridoio con ai lati le cinque stanze da letto e l'enorme stanza da bagno.

Tutto questo, pur apparendo agli occhi della moglie come grande stravaganza, in un paio di giorni fu arredato a dovere.

L'impatto col paese Totonno lo ebbe quando, durante il trasloco, si recò al supermercato locale per prendere qualche snack, da consumare per l'emergenza.

All'entrata del negozio, notò un grande cartello con la scritta : Rifornitevi di birra per il giorno di St. Patrick.

Eh che cazzo. Qui dovevano essere tutti pazzi!

San Patrizio era la festa dei cattolici, possibile che non si preoccupavano del casino che avrebbero potuto causare con i protestanti, ostentando quel cartello ?

Boh, valli a capire!

Ma lui, di quella stranezza, se ne rese conto dopo circa una settimana.

In quei primi giorni aveva assunto una donna, Anne, cattolica, per le pulizie e questa gli aveva fatto conoscere John, un bravo vecchietto, che prese il lavoro da giardiniere, anche lui cattolico.

Erano entrambi molto conosciuti in paese e conoscevano tutti, quindi, al bisogno, potevano essere utili. E così fu!

Mentre ritornava da Edinburgo, in un pomeriggio piovoso, la moglie lo chiamò sul cellulare, dicendogli di non far caso a ciò che avrebbe visto, arrivando a casa.

Non volle dirgli tanto, tenne solo a precisargli che si trattava di una ragazzata, nient'altro!

Se ne rese conto appena arrivato. Prima di imboccare il cancello aveva notato qualcosa di bianco sul muro di mattoni rossi. Si fermò, scese dalla macchina e, posizionatosi in mezzo alla strada, poté leggere quella strana scritta: " Fottuti protestanti tornate da dove siete venuti "

Cazzo, un bel benvenuto!

E poi, essere chiamati, fottuti protestanti, questo sì che era il colmo per un italiano cattolico!

Entrato in casa, sua moglie lo accolse ridendo

" Non preoccuparti - gli disse - ho già chiamato Anne e John. Sono già andati a trovare il colpevole e domani tutto sarà cancellato. Immagina come sono rimasti sorpresi. Dopotutto, chi poteva mai pensare che il nuovo proprietario fosse un cattolico ? "

In poche parole, la gente del paese era per lo più cattolica, ecco il perché di quel cartellone, nel supermercato e pensava che il nuovo proprietario di The House fosse protestante, gli unici a potersi permettere quell'abitazione

Comunque, per lui, la vita continuò, come al solito, tra uno scarico di alcool ed uno di vino e sigarette, assumendo, nel frattempo, altro personale locale: Anne vendeva gli alcolici e John il tabacco e le sigarette.

Passarono un paio di anni, quando qualcosa di strano gli venne all'orecchio, tramite un nuovo conoscente di nome Bill, che lo avvisò di stare attento e di aprire gli occhi.

Infatti, questi, un sabato allo stadio, fu avvicinato da un capo della polizia speciale, che, a braccio teso, posata sul palmo della mano, gli mostrò una foto.

" Lo conosci questo? " gli chiese a bassa voce,
sussurrandogli in un orecchio.

E lui " Come no! E' wee Tony - così qualcuno lo
chiamava - perché vuoi saperlo ? "

" Niente … tu credi che possa essere coinvolto nello
spaccio di droga ? "

" Ma state scherzando - gli rispose Billy, incredulo -
nemmeno a pensarlo! Da quello che so, smercia un po'
di vino e alcool come fanno in tanti. Per me, state
sbagliando persona ! "

Il tutto sembrò finire con quell'avvertimento, fino a che,
un mattino, era appena rientrato da Manchester e stanco
morto si era gettato sul letto, si sentì svegliare da quattro
poliziotti della speciale che lo avevano circondato.

Nemmeno il momento di chiedere spiegazioni e lo
trascinarono giù al piano terra.

Nel frattempo altri poliziotti in divisa, con cani
antidroga, avevano invaso la casa, alla ricerca di armi e
droga.

Fottuti pazzi, non avevano capito un cazzo!

Lo interrogarono per una notte intera, ricordandogli
sempre, che non era obbligato a rispondere, ciò che lui
fece con precisione.

Non avevano trovato un minimo di niente, solo un paio
di casse di vodka nel garage. Niente di niente, nemmeno
nei magazzini.

L'unica cosa che trovarono fu una ingente somma di
denaro, in una valigia, guarda un po', nascosta sotto al
letto.

Rilasciato con avviso che sarebbe stato aperto un
processo a suo carico, tornò a casa e vi trovò il
finimondo.

Suo figlio maggiore, a sua insaputa, era stato interrogato.

Venne a sapere che un fottuto autista, che aveva assoldato per viaggi veloci gli aveva fatto un bel servizio, consegnando agli sbirri tutti gli ordini che lui aveva appuntato giornalmente, con tutti i nomi delle persone fornite con i vini. Per fortuna questi non sapeva niente di alcool e sigarette.

Era fatta, da un momento all'altro, si era ritrovato col culo per terra. Aveva perso tutto!

Nemmeno il suo avvocato riuscì a fargli recuperare almeno una parte di quei soldi.

Solo la moglie era riuscita a nascondere un po' di migliaia di sterline, nelle mutande. Le aveva prese dal nascondiglio nel bagno, con la scusa di dover fare un bisogno.

Nel giro di un paio di mesi, perse anche la casa e si trasferì in un altro paesello oltre la M74, dalle parti di Hamilton.

Grazie al protestante, che gli aveva venduto la casa, riuscì ad affittarsi un paio di sandwich shop, tirando così avanti per tutta la durata del processo.

La corte centrale aveva deciso che questo si svolgesse in un paese neutro, ad un'ora di macchina dalla nuova residenza.

Ogni mese un'udienza, mese dopo mese per tre anni.

E, nel tragico, la comicità!

Quello era un piccolo tribunale che, di solito, veniva usato per reati minori, quali piccoli furti, arresti per risse, arresti per stati di ubriachezza e così via.

La prima volta che si trovò insieme ai delinquenti locali Totonno notò che si atteggiavano da gran criminali, con modi spacconeschi e sorrisi da paraculo. L'atmosfera cambiò nel momento in cui Totò e i suoi associati furono chiamati a rispondere di reati fiscali contro la corona reale.

Immediatamente, nel sentire i nomi italiani, a quei rubagalline la mente dovette volare lontano tra films di mafia e criminalità organizzata. I loro atteggiamenti cambiarono all'istante: durante la pausa, iniziarono ad offrire caffè e sigarette.

Gente, mai conosciuta prima, che ti guardava come se l'avessi frequentata, da sempre.

Di solito, i convocati abbandonavano l'aula alla fine di ogni caso dibattuto invece, da quel giorno in poi, cominciarono ad aspettare fino alla fine. Anzi, qualcuno cominciò a portare altri amici ad assistere a quel grande processo.

Ma erano sempre le solite cavolate, un aggiornamento qua, un aggiornamento là e il tempo passava, senza arrivare ad una conclusione.

Passarono circa tre anni solo per stabilire la data di inizio del processo.

Intanto, nel frattempo, venne a sapere che tutti, dagli avvocati al procuratore fiscale, dal presidente della corte ai vari uscieri, percepivano parcelle che variavano, a seconda dell'incarico, dalle 500 alle 2.000 sterline a persona: il tutto veniva pagato dallo stato.

Lui, che aveva richiesto ed ottenuta l'assistenza legale dello stato, perché privo di lavoro e sostegno finanziario, aveva assunto come difensori, due dei migliori avvocati di Glasgow.

Forse, anche per questo motivo, le cose andavano per le lunghe.

Ma che importava?

Decise allora di salvaguardare la sua famiglia, facendo partire sua moglie e la bambina più piccola per l'Italia. Fece imballare i mobili e le suppellettili di casa e tramite un amico camionista che, ogni venerdì veniva da Napoli, a caricare salmoni freschi, riuscì a terminare il trasloco al paese natale, nel giro di poche settimane.

Accettò perfino la proposta del procuratore fiscale di prosciogliere il figlio, escludendolo da qualsiasi procedimento penale, se avesse accettato la colpevolezza di uno dei tre reati addebitategli.

Tutto fu predisposto per il giorno dell'ultima udienza preliminare.

In corte erano tutti indaffarati a chiudere il tutto nel più breve tempo possibile. Natale era alle porte ed i festeggiamenti già andavano avanti, tra party tra colleghi e bevute già da qualche settimana.

Preso da questa atmosfera natalizia, la presidente di corte, accogliendo la decisione congiunta dell'avvocato difensore e del procuratore, assolse il figlio di Totonno da ogni reato ed aggiornò l'udienza all' 8 gennaio dell'anno successivo.

A quel punto Totò decise di partire per l'Italia. Salutò la sua terna degli avvocati, caricò l'amato gatto Tango e con i figli rimasti per il processo, partì passando per l'Irlanda del nord, verso il paese lontano, ancora per un'altra volta.

Durante il lungo viaggio, tante volte, aveva ripensato al giorno della sua prima partenza dal paese.

L'attrazione di fuggire da quella noia paesana, il sogno di poter fare fortuna erano i motivi che lo avevano spinto a fare un tal passo.

Decise, il tutto, in una serata, come al solito, spesa sdraiato sulla panchina fresca di marmo, guardando le stelle e sognando ad occhi aperti,consigliandosi con i soliti amici.

Chi avrebbe sofferto di più, per la sua partenza, di sicuro, sarebbe stato il padre.

Lui era stato il figlio dell'amore!

Per lui avrebbe voluto un avvenire migliore del proprio.

In casa, avevano fatto grandi sacrifici, per potergli far avere un diploma da maestro.

Ma tutto inutile. Niente da fare, aveva dovuto lasciare le scuole per il servizio militare obbligatorio: ormai aveva raggiunto l'età per essere arruolato ed aveva dovuto lasciare la scuola.

Per di più, un bellissimo amore di gioventù era svanito nel nulla.

La sera prima della partenza, si tenne nel salone della vecchia casa del nonno, una gran festa d'addio: musica dal vivo, offerta dai ragazzi del gruppo musicale del fratello, dolci e rustici preparati dalla laboriosa madre, bere a volontà per tutti.

Gli amici della Schola Cantorum gli regalarono una catenina d'oro per ricordo, tanti altri salirono, su casa, solo per mangiare e bere a sbafo.

Furono tutti ben accolti e per tutta la notte si fece baldoria. Tutto fu permesso!

Era tanta la voglia di fuggire da quel mondo piccolo che il tutto,intorno, gli sembrava lontano ... lontano come se non gli fosse mai appartenuto, come se lui non fosse mai vissuto in quel mondo.

Tutto, in un attimo, sembrava scomparire: gli amori vissuti tra sospiri innocenti; gli amici, i veri amici, li rivedeva, proiettandosi nel futuro, in gioiose riunioni nel giorno che sarebbe ritornato.

Soltanto il pensiero di andare lontano dal padre, sembrava, gli desse rimorso, per il resto, la mente leggera di sogni e di ebbrezza, lo proiettava lontano in attesa di mettere piede in quel nuovo mondo.

La raccomandazione del solito, Mister era perentoria " Veniamo in Scozia per studiare l'inglese. " così avrebbero dovuto rispondere, se glielo avessero chiesto i doganieri allo sbarco.

Non aveva ancora capito il perché.

Lo capì qualche tempo dopo, quando il vecchio Douglas, cameriere con l'occhio di vetro, una sera, dietro la macchina del caffè, cercò di fargli capire, in un italiano misto a spagnolo, di stare attenti, lui e il suo amico Tonino, in caso, di sera, fossero stati fermati dalla polizia, al non dire che lavoravano poiché, per far ciò, avrebbero dovuto avere un permesso di lavoro, che non avevano.

Cazzo!

Allora capirono: erano clandestini.

Ecco perché il bravo Mister si raccomandava sempre che, a sera, dovevano starsene a casa ed evitare di recarsi nei pubs e nelle discoteche.

E bravo il Mister!

Tutto fu inevitabile e, la cosa, tragica fu quando Tonino lasciò il lavoro per andarsene a lavorare al ristorante Sorrento.

Fino ad allora tutto era filato liscio. Quel giorno, purtroppo, per lui, no!

Totonno, se ne rese conto, al rientro a casa, a sera, dopo il lavoro.

Il Sergente, così veniva chiamato il padrone di casa, lo stava aspettando, anche se si era fatto tardi.

" Uè, Totò, puoi venire in cucina - gli disse nel vederlo passare nel corridoio - ho da dirti una cosa. "

" Ok, andiamo. " gli rispose seguendolo .

Il vecchio, tondo e basso, camminava dondolandosi come una papera.

" Vieni, siediti … non so come dirtelo … il tuo amico è stato prelevato dalla polizia e deportato in Italia. Non gli hanno dato nemmeno il tempo di prendere la valigia, eccola là - era poggiata in un angolo della stanza - se vuoi, la puoi custodire tu e potargliela quando andrai in vacanza. Che ne dici? "

" E che vuoi dire! - era rimasto di stucco, non sapeva più cosa fare. L'avevano fregato.

" Va bene così … la valigia la prendo io, penserò io al da farsi. Ma a voi hanno chiesto di me ? " - chiese preoccupato.

" No, di te non me ne hanno parlato. Tu non preoccuparti, finché stai dal Mister nessuno ti toccherà, puoi starne tranquillo! Hai capito? "

" Ho capito, ho capito! "

Aveva capito, quell' uomo aveva confermato i suoi sospetti. Era stato quel bastardo del Mister a fare la spiata alla polizia.

Che brava persona!

Per di più un paesano.

Giurò tra sé che gliela avrebbe fatta pagare.

In poche parole il caro Mister li faceva lavorare, in nero, pisciando loro in mano, con uno stipendio da cani.

Per chi arrivava, come loro, da un paesino sparso in una valle lontana, non era facile entrare, subito, nel modo di vivere di quel paese.

Non se ne conosceva la lingua e il loro modo di pensare, era lontano anni luce dalla nuova realtà in cui stavano vivendo.

Quei quattro soldi che prendevano di paga bastavano, appena per comprare le sigarette e pagare l'affitto settimanale, del lettino dove dormivano.

Per fare un bagno dovevano inserire delle monete in un apposito contatore che avrebbe elargito tanta acqua calda per quanto si era pagato ed vigeva un perentorio, "Nessuna ragazza in casa"

Bell'affare!

Comunque lui, non avrebbe fatto la fine del Tonino, proprio no!

A qualsiasi costo avrebbe trovato la soluzione, per restare in quel paese: non sarebbe mai tornato a sdraiarsi sulle panchine fresche, nella piazza del paese.

Ed ecco venirgli incontro il solito Douglas.

In poche parole, tutto era più semplice di quanto si credesse: bastava sposare una cittadina britannica per poter usufruire della residenza legale e, perciò, non aver più bisogno di un permesso di lavoro.

Sposandosi non avrebbe dovuto più rinnovare la tessera di straniero.

Fu anche per questo che decise di sposare la sua Mary, oltre al fatto che lei era incinta di due mesi.

Ci pensò bene prima di chiederglielo ma alla fine si decise.

All'inizio, lei non voleva ma lui riuscì a convincerla.
Erano, da poco, andati a convivere, in un monolocale,
dalle parti della Royal Infirmary. Quella sera, a letto,
parlarono tanto, quasi fino all'alba, col camino ormai
spento.
Era già giorno quando, infine lei acconsentì, non
sapendo che così, avrebbe segnato, per sempre, il
proprio destino.
Il giorno successivo andarono a registrarsi come futuri
sposi al Register Office. Ci vollero due settimane per la
cerimonia, il tempo necessario per affiggere in bacheca l'
annuncio dell'evento,.
Nel frattempo aveva trovato lavoro, come aiutante di
cucina, al Marechiaro Restaurant, giù ad Hannover
Street.
Il proprietario, Vincenzo, aveva avuto i suoi stessi
problemi, anni prima, e lo capiva. Anche lui aveva
dovuto lavorare, dal Mister, per cinque anni, tanto
quanto bastava per poter usufruire della libera residenza,
per poi tornare al paese, sposare il vecchio amore e
tornare in Scozia per aprire quel ristorantino, a
conduzione familiare.
Vincenzo era una persona onesta. Gli avrebbe
raddoppiata la paga, ma l'avrebbe assunto in nero per
non pagare contributi e tasse: ma che gliene fregava a
Totonno. Avrebbe preso quindici punti a settimana e
pranzo e cena.
Dalla mattina alla sera, la vita cominciò a cambiare tanto
velocemente, come se tutto fosse stato programmato da
qualcuno al di sopra delle umane comprensioni.
Purtroppo un giorno al Marechiaro si dovette ridurre il
personale e lui avrebbe dovuto lasciare il suo posto.

Nel frattempo era nata la sua prima figlia e il buon Vincenzo gli assicurò che sarebbe stato licenziato solo quando avesse trovato un altro lavoro.

Si ritrovò, di nuovo, solo e senz'arte ma non se ne fece un problema.

Aveva voglia di lavorare e tenne a mente le parole di suo nonno: "Nella vita non si deve, mai, aver paura: oltre la mezzanotte non ci può essere più oscurità."

Ed era vero!

Infatti, da lì ad essere assunto come pizzaiolo presso il Caprice, un nuovo ristorante di prossima apertura, non passò molto tempo.

Per la prima volta, con il lavoro, riuscì ad avere un appartamento tutto per lui e la famigliola.

Che volere di più?

Il nero gatto, Micio, ogni sera, lo aspettava sulla balconata che dava sul cortile della casa, facendogli le fusa, non appena gli arrivava vicino. Si faceva prendere in braccio e portare dentro.

Era bello starsene seduto sul divano, con le gambe distese verso il camino caldo.

La sua bambina gli rubava tutto il tempo libero ma non riusciva a distrarlo dal pensiero di fare fortuna a qualsiasi costo.

Forse, chissà, fu da allora che cominciò a cambiare il suo modo di vivere.

A sera, dopo il lavoro, invece di tornarsene a casa, cominciò a salire al centro della città e frequentare il Wimpey Bar sulla Frederick Street.

Lo portò la prima volta Glen, un giovane scozzese amico del proprietario della pizzeria.

Glen era un piccolo delinquente che, ogni tanto, procurava dei prodotti a "prezzi stracciati", come uova, polli, patate. In poche parole tutto ciò che potesse essere utile ad un ristorante, lui sapeva procurartelo.

Per lui, Totonno era un genio: la sua pizza lo aveva preso per la gola.

Diventarono presto amici e Glen cominciò a fargli guadagnare qualche sterlina extra, fornendogli quei prodotti, che lui poteva rivendere alla comunità italiana. E da allora, ogni sera, se ne andava su al Wimpey Bar, a conoscere nuove persone.

Dopo le 11 il locale si riempiva di giovani, che, alla chiusura dei pub, si riversavano nel locale, ampio e accogliente, per riempirsi lo stomaco con hamburger e patatine fritte, tanto per attutire lo stato di ebbrezza alcolica.

Ma, a quell'ora, vi erano anche molti che, inconsciamente, andavano in cerca di guai.

Glen, con un paio di amici, erano soliti mangiare a sbafo proprio per il fatto che, ogni tanto, dovevano fare i duri con i giovani ubriachi.

Di solito, certi stupidi mangiavano e, in un attimo, li vedevi cercar di fuggire, senza pagare il conto.

E allora venivano ripresi per strada da Glen e gli altri e giù, botte da orbi.

Pochissimi riuscivano a farla franca.

Ben presto anche Totonno entrò in quel giro.

Le nottate, poi, finivano su al Frisco's, una bettola notturna, nascosta in una oscura traversa della High Street, gestita da Fat Johnny, un italiano di terza generazione, un tipo viscido ed equivoco, con un paio di quegli occhiali a vetro doppio, tali da fargli apparire gli occhi, ingranditi come quelli di un grande pesce.

Il locale era il ricettacolo dei tassisti notturni e delle prostitute.

Lì, il juke-box suonava fino al mattino facendo ballare le giovani donne in cerca di accompagnatori.

Di solito si giocava a kalooki, la nostra Scala Quaranta e a poker cercando di arrotondare la giornata.

Il più delle volte ci si accaparrava anche delle belle cose, a buon mercato, procurate dagli astuti shoplifter, uomini e donne specializzati nel taccheggio nei negozi e nei grandi magazzini.

Solo all'alba Totonno tornava a casa, per quelle poche ore di sonno, prima di andare al lavoro.

Quei giorni passarono così velocemente, da sembrare un sogno.

La sua ascesa al successo, chissà poi quale, sembrava inarrestabile.

La prossima mossa la fece Mr. Gerry V., un italiano che aveva iniziato la sua ascesa come conducente di autobus ed era diventato il direttore generale dei Wimpey Bar.

Più volte, avevano parlato, del mettere su una grande pizzeria, qualcosa che fino ad allora non era ancora stato visto in giro, perlomeno in Scozia.

L'idea di Totonno era di abbinare la tipologia di uno snack bar scozzese alla pizza e alla pasta all'italiana per offrire così, alla clientela una più ampia varietà di prodotti .

Poiché fino ad allora, soltanto un 20% della popolazione, sapeva cosa fosse una lasagna, una pizza o un piatto di spaghetti, c'era un ampio mercato in attesa di essere sfruttato. Mancava soltanto chi avrebbe potuto sponsorizzare la realizzazione di quell'idea.

E Gerry, quella sera andò al Caprice per la sua solita pizza, con alcune persone mai viste prima.

"Guagliò - gli disse accostandosi al banco di lavoro - mi raccomando, devi fare le migliori pizze che non hai mai fatto. Fammi fare bella figura. Mi raccomando, queste sono persone che contano!"

"Puoi stare tranquillo, la farò impazzire, quella gente"

"Ok. Ti mando una birra?"

"Grazie lo stesso, non fa niente. Questa sera potrai offrirmi qualcosa su al Wimpey."

Il tempo di far volare in aria le pizze, poi spianarle, ricoprirle dei vari ingredienti, infornarle nel grande forno a legna e in pochi minuti tutto era pronto e servito a tavola. Fu allora, che in un attimo di sosta Totonno si accorse di cosa stava succedendo.

Gerry con un sorriso sulle labbra si vantava con gli amici di averli portati a vedere quel modo di creare un prodotto artigianale, così veloce e spettacolare. Non era da tutti. Totonno, il pizzaiolo, era un suo amico e lui avrebbe potuto convincerlo a saltare il fosso.

Erano passati pochi minuti, quando Gerry gli si accostò:

" Guagliò - disse tutto contento, a bassa voce - il mio boss ti vuole, hai fatti colpo! Allora che ne dici? "

" Ne dobbiamo parlare - gli rispose lui prendendo fiato - ma sei sicuro di quello che dici? " - chiese sorpreso.-

" Ti ho mai detto fesserie? " continuò l'altro sicuro di sé stesso.

" No ! "

" E allora, stasera, vediamoci e ne parliamo, hai capito? - e prima di allontanarsi - mi raccomando di non parlarne con nessuno, ci siamo capiti ? " gli disse, ancora a voce bassa, tornandosene dai suoi amici.

Qualcosa diceva a Totonno che ce l'aveva fatta!

Non vedeva l'ora di finir di lavorare per parlare con Gerry. Intanto pensava già al da farsi, al come organizzare il tutto. Già si vedeva trasportato nel futuro. Che strano: basta, a volte, una buona notizia e l'uomo dimentica tutto: la fatica, lo stress e gli sembra di vivere in un limbo.

Dal limbo si ritrovò, presto nella realtà.

Finito di lavorare, come al solito, prese un taxi, salì in città.

I soliti amici erano già posizionati per la nottata da passare nel modo più tranquillo possibile.

Salutandoli, in modo diverso dalle altre volte, se ne scese giù, nell'ufficio del direttore.

Una volta lì " Ok, ci siamo - gli disse Gerry, seduto dietro la scrivania - ho voluto farti una sorpresa. Devi dirmi solo quando puoi venire su al nostro ufficio centrale per poter mettere a punto il programma di lavoro e poter parlare di stipendi e altro. "

Totonno non poteva ancora crederci!

" Tu lo sai che io posso muovermi dalle tre alle cinque – rispose - per me va bene anche domani. Per voi ? "

" Ok, facciamo domani. Per non perdere tempo prendi un taxi, ti farò recuperare le spese. "

" Ma che cazzo dici, stai a pensare alle spese? Vediamo, piuttosto come dobbiamo impostare la situazione. Intanto dimmi, di che cosa avete parlato, così posso rendermi conto a che punto siamo."

" A Mr. Robertson, è così che si chiama il boss, quello coi capelli brizzolati, ho parlato della nostra idea, più di una volta. Lui ha dovuto parlarne col suo socio, era quello più basso. Io ho potuto solo proporre l'idea, tu dovrai spiegare i dettagli: quanto costa il prodotto finito, quanto si può vendere e quanto si può guadagnare. Mi raccomando, però, tra me e te dobbiamo trovare un accordo sul come procurarci il nostro nero, mi capisci ? "

" Non preoccupati, ci ho già pensato. Ora ti spiego: un sacco da 10 chili di farina costa 4,50 £. Da quel sacco possiamo produrre circa 120 pizze che si possono vendere a 1.50 £ ognuna, solo con formaggio e pomodoro, perciò si possono ricavare 180 £, ti rendi conto?

Poi ci sono le piccolissime spese per sale e lievito; per gli altri ingredienti, quale funghi, salame, prosciutto cotto ecc. basta aumentare 20 pence per ognuno di questi e possiamo arrivare anche a 2.50 £ a pizza. Possiamo dire loro che da un sacco di farina, si possono produrre soltanto 80 pizze, come fanno ad accorgersi che se ne producono di più? Così possiamo incassare, per me e te, fisso 60 £ a sacco,il resto lo lasciamo a loro. E questo soltanto con le pizze. Lo stesso ragionamento si può fare per le lasagne e gli spaghetti, tu che ne dici ? "

" L'idea non è malvagia ! - lo assecondò Gerry - tu pensa a produrre: io penserò a far quadrare i conti, così nessuno potrà capirci niente. Adesso pensiamo alla tua paga, quanto pensi di chiedere?"

" Tu lo sai, il Caprice mi passa 35 £ per settimana più l'appartamento. Se me ne vado di lì, dovrò cercarmi un'altra casa. Non so … "

" Mbè, io penso che 120 £ potrebbero bastare. "

" Cazzo! Per me va benissimo! E poi dobbiamo pensare anche alle percentuali. "

" Possiamo chiedere 10 pence per ogni prodotto venduto in tutti i locali, ti va bene ? "

" Per me va bene, come no! " Non riusciva ancora a crederci.

" Ok, mi raccomando, domani devi essere puntale, non dimenticarlo."

" Non preoccuparti! L'importante è che gli altri italiani che lavorano con te non devono sapere niente dei cazzi nostri ."

" Questi sono cazzi miei. Loro devono pensare soltanto al loro lavoro, altrimenti possono tornare a guidare gli autobus. - sentenziò il vecchio - L'unico a cui dobbiamo stare attenti, però è Franco P. Adesso posso dirtelo: lui si sbatte la moglie di Mr. Wiggins, il socio del boss, mi capisci ? Hai capito Mr. P ?"

" Non ti preoccupare, ho capito! Puoi startene tranquillo, quello da me non saprà mai niente ! "

" Ok? Ci vediamo domani e sistemeremo il tutto ! "

" Ciao, per adesso - concluse Totonno - stasera voglio avere una serata calma, me ne torno a casa con la mia famiglia."

Ma non fu così!

Non poté dormire per tutta la notte, continuava a svegliarsi. Tra una sigaretta e l'altra si calmò e fu quasi l'alba quando si assopì.

Mary lo svegliò che erano quasi le dieci, gli aveva preparato la sua colazione preferita, uova fritte, pancetta e fagioli al sugo.

I toast, sempre abbondanti, sembrava che non gli bastassero mai Non riuscivano a riempirgli lo stomaco come il pane casereccio del paese, questo gli mancava tanto.

Anche la mattinata in pizzeria sembrava non passasse mai.

Finalmente, appena smesso di lavorare e senza mangiare, prese un taxi per la Forrest Road, vicino la Royal Infirmary, dove era situato l'ufficio di Mr. Robertson. Non era tanto lontano, appena oltre la Royal Mile, l'antica strada che andava da Holyrood Palace, la residenza estiva della regina, fin su al castello, il maniero intatto e spavaldo, fondato sulla roccia di un vulcano preistorico vulcano, che dall'alto della sua strategica posizione dominava tutto intorno.

Da sempre ogni giorno all'ora una esatta, si sparano salve di cannone.

Il taxi si fermò davanti al Caffè Joe, dove trovò Gerry ad aspettarlo.

L'ufficio era situato al piano superiore del locale e ci si accedeva da un portoncino laterale, salendo per una piccola scala

"Come in, come in" era la voce di Mr. Robertson, invitandoli ad accomodarsi nel suo ufficio.

" Allora tu saresti il famoso Tony? - gli chiese con un sorrisetto, col quale gli faceva capire di essere il benvenuto - Le tue pizze sono una vera specialità! " sentenziò.

" Grazie, - rispose il giovane - sì, sono io, piacere di conoscerla. " e gli tese la mano che l'altro strinse prontamente.

" Ok. Penso che Gerry ti abbia già spiegato tutto, o no ? " chiese quello, volgendosi verso il suo uomo di fiducia.

" E' tutto chiarito - continuò questi - l'unica cosa che dobbiamo stabilire sono i trattamenti economici. "

" Per me sta bene - riprese Robertson - quali sono le tue richieste ? - questa volta rivolgendosi a Totonno, il quale, dopo avergli spiegato tutto sulla parte economica del lavoro, dalle spese ai possibili guadagni, come accordato con Jerry continuò con: " Per me andrebbero bene anche £ 120 per settimana, purché siano pulite ! "

Lo chiese con un tantino di timore, temendo di aver esagerato nella richiesta ma la risposta dell'altro fu tutt'altro da quello che lui si aspettava e infatti " Per me sta bene - riprese Mr. Robertson - Gerry mi ha spiegato tutto, anche il problema della casa, però non capisco cosa vuoi dire per pulite. "

Al che, intervenendo, il vecchio volpone italiano, spiegò al proprio boss il perché i suoi connazionali usavano chiamare così le paghe settimanali.

Era semplice: non si volevano pagare le tasse dovute, di tasca propria. Mr. Robertson avrebbe dovuto rilasciare una busta paga al netto delle 120 sterline, accollandosi così l'onere delle tasse e i contributi.

Furbi gli italiani!

Comunque, subito, si raggiunse un accordo: si sarebbero rilasciate due buste paga, una con una paga minima, per la quale sarebbero state pagate tasse minime e l'altra, con l'arrotondamento a quanto stabilito, a nero fuori busta, per arrivare alla paga concordata e si accordarono anche sulla percentuale.

" Quando devo incominciare ? " chiese Totonno.

" Per noi, quando vuoi tu - riprese Mr. Robertson –
vieni adesso ti facciamo vedere il locale da ristrutturare e
dicci cosa ne pensi - e scendendo verso il Caffè Joe -
Vieni, ci sono altre cose da fare. Dobbiamo creare un
menu: si deve trovare il modo di posizionare il forno che
non sarà a legna ma elettrico di quelli che si usano in
America. Devi fare un elenco di tutto l'occorrente per un
ristorante all'italiana, tutto questo è compito tuo. E poi
devi insegnare a Rose, la cuoca della caffetteria, a
cucinare i nuovi prodotti. Perciò - concluse, arrivando
nel locale - come vedi c'è molto da fare: il tuo compito è
di organizzare il tutto, al resto ci pensiamo noi. Per me,
puoi incominciare anche domani! "
A quel punto, bisognava soltanto parlare col siciliano del
Caprice e raggiungere un accordo bonario. Le dimissioni
di Totonno non avrebbero arrecato grosso danno al
vecchio datore di lavoro. Già da tempo il giovane aveva
insegnato a Salvatore, il cognato del proprietario,
arrivato dalla Francia, come fare le pizze e questi aveva
imparato presto ed era già capace di cavarsela da solo.
L'unico problema da risolvere era il mantenimento
dell'appartamento in cui viveva la famiglia ma anche
questo fu risolto amichevolmente con il pagamento di
un generoso affitto.
Ormai tutto sembrava muoversi verso il senso giusto.
Il giorno dopo, Gerry lo presentò agli altri componenti
dello staff del Caffè Joe, dalle bariste alle cameriere, dalla
cuoca Rose alle lavapiatti, dicendo a tutte di mettersi a
sua disposizione per qualsiasi cosa.
Gli bastò poco tempo per entrare nella simpatia di tutte,
era l'unico uomo in quell'ambiente tutto al femminile e
poi, moro come quello, se ne vedevano pochi!

Fu lì che, per la prima volta, imparò a conoscere i milkshake ed apprese il modo scozzese di fare il caffè, differente dall'espresso italiano. Il loro caffè era in polvere, diluita in acqua bollente. Invece, insegnò loro, come fare un vero espresso, un cappuccino ed uno zabaglione.

In poco tempo imparò tutto sulla cucina scozzese dai beans on toast (fagioli al sugo su un toast) al bacon, egg and chips (pancetta fritta,uova fritte e patatine fritte). La cosa che più lo sorprese era il continuo uso del burro e le salse aggiunte alle pietanze, come la maionese e il ketchup ed il loro non usare l'olio d' oliva.

Presto insegnò loro l'uso dell'aglio nel preparare sughi finti alla napoletana, salsa alla bolognese e carbonara made in Scotland, cioè resa cremosa, a differenza di quella originale con l'uso di panna fresca.

Durante tutto questo tempo, si proseguiva all'arredo e allestimento del nuovo locale, per il cui accesso, da una parete del vecchio caffè, fu ricavata un'entrata ad arco. Le pareti furono addobbate con armature romane in cartapesta, molto appariscenti.

Il forno fu posizionato accanto a vetrina che si affacciava sulla strada, in modo che la gente avesse potuto vedere Totonno roteare nell'aria l' impasto che, per il movimento impresso, tendeva ad allargarsi, pur mantenendo una rotondità omogenea, fino a diventare una pizza.

Le nuove cameriere furono scelte da lui stesso: dovevano essere di bell'aspetto e con gambe dritte, poiché dovevano indossare, come divisa, calze nere sotto gli hot pants rossi, sostenuti da un paio di bretelle su camicia bianca e laccetto nero a mo' di cravatta.

L'impatto era scioccante, specialmente per i giovani italiani che cominciarono a frequentare il locale, non tanto per le pizze quanto per le belle cosce.

L'inaugurazione fu fatta ad opera d'arte, fu perfino invitato, quale ospite d'onore, Mike Marino, campione di wrestling britannico ma di origini italiane, noto anche televisivamente.

Il giornale locale, The Scotsman, riportava all'interno nella pagina delle novità locali, un lungo articolo intitolato: " E' arrivato, da Napoli, il re della pizza ! ", con una sua foto, che lo ritraeva vestito da chef con un cappello tale da farlo somigliare più ad un pittore della Belle Epoque, che ad un pizzaiolo.

Ci volle mezza giornata di pose per ottenere quella foto. La giornalista che era apertamente attratta da lui, non sembrava mai contenta. Per settimane, ad ogni pausa di pranzo, continuò a riservare il tavolo in prima fila, per poterselo mangiare con gli occhi, alla faccia della pizza!

In quel giorno di inaugurazione, Totonno sfornò pizze su pizze, offrendole a spicchi, alle persone che si fermavano a guardarlo lavorare, sul marciapiede antistante il locale.

Anche John, il cinese, che lavorava nel ristorante cantonese sull'altro lato della strada e che continuava a sbirciare da una finestrella, fu invitato alla degustazione: lui, però, preferiva la pizza bianca coperta di cipolle.

Vallo a capire!

Ogni giorno che passava, la clientela aumentava,sempre più!

In città la gente parlava molto del Caffè Joe.

Per Totonno, la vita era sempre la stessa, sempre il solito gioco delle carte, le solite nottate fuori casa, a volte stava fuori per vari giorni.

Si cambiava d'abito e si lavava, negli appartamenti delle ragazze che aveva preso a frequentare in modo assiduo, trascurando la famiglia.

I primi screzi, tra lui e la sua Mary, non tardarono ad arrivare. Non riusciva a rendersi conto del danno che stava arrecando alla propria famiglia. Col tempo se ne sarebbe pentito accorgendosi di quanto gli fossero mancate la moglie e la piccola figlia.

L'ascesa al successo sembrava inarrestabile e lui insisteva nel vivere in quella cecità. Tutto gli sembrava quasi dovuto. Ormai il suo modo di vivere, esulava dalla vita che ogni persona normale viveva quotidianamente.

Accettò quella situazione con incoscienza, per lui tutto era lecito: il gioco delle carte, le belle donne.

Per giorni poteva stare senza dormire, gli bastava una pennichella nell'ufficio e tutto passava. L'unica cosa che non sopportava erano le droghe e i drogati.

Gli affari procedevano così bene che Mr Robertson, un bel giorno se ne uscì con un'altra delle sue: aveva trovato un locale molto grande, giù, nella Lothian Road, a quei tempi, quasi sempre, deserta.

Soltanto a tardi la sera, nei weekend, alla chiusura dei pub e dei locali notturni, questa si popolava di persone alla ricerca di qualche posto dove poter terminare la serata.

" Che te ne pare ? "gli chiese durante una riunione di lavoro, il boss.

" Io credo che potrebbe andare - e rivolto a Gerry - tu che ne dici ? "- aveva risposto Totonno.

" Anch'io credo che sia una buona idea, però, dovremmo organizzarci con qualcuno che possa badare agli ubriachi, non vi pare ? "

" Mi sta bene - continuò Mr. Robertson - l'importante, però, è non essere troppo duri con quel tipo di clienti, ci siamo capiti ? "

" Lascio a voi il da fare - riprese il boss - Per il menù ho pensato introdurre qualcosa di nuovo, come i waffels, un prodotto che va per la grande in Canada - e rivolto a Totonno, vedendolo un po' sorpreso da questa novità - non ti preoccupare è un prodotto facile da gestire: abbiamo una macchina speciale che si apre come un libro: versi la pastella liquida sulle piastre e poi richiudi la parte superiore e, in un paio di minuti i waffels sono pronti e croccanti. A questo punto, li tagli a metà e li farcisci con della marmellata o frutta tagliata a fette e cosparsa di crema. Oppure li proponi come snack in versione salata con uova e pancetta fritta, chiusi a mo' di sandwich. Che ne dici? "

E lui, ancora un po' scettico " Se voi dite che sarà una specialità e che nessun altro li produce, sarà certamente una novità e potrà essere una attrazione in più per il locale ! " In cuor suo però non si fidava tanto, gli sembrava quasi di imbarazzare la clientela con quel nuovo prodotto.

Comunque, quell'uomo non aveva mai sbagliato nelle proprie scelte, ogni sua mossa era stata sempre azzeccata. Ed ebbe ragione anche questa volta.

Il locale fu chiamato Conal eating house, vacci a capire, La casa del cibo di Conal!

Il menu delle pizze portò molte altre novità: all'elenco di pizze prettamente italiane, vennero aggiunte delle novità come la Pizza Hawai, farcita con pomodoro, formaggio e fette di ananas, la Pizza Contadina, farcita con pomodoro, formaggio, fagioli al sugo e al centro, un uovo fritto, la Cesar Pizza, ovvero un grande calzone rotondo, che il cliente avrebbe potuto farcire scegliendo gli ingredienti a disposizione. E infine la King Size, cioè una pizza di una quarantina di cm di diametro.

Tutto filava a gonfie vele.

Totonno era diventato il "blue-eyed boy" del boss. Questi non faceva altro di parlare, di lui, come una persona straordinaria. L'unica sua pecca era il non parlare bene l'inglese, comunque si faceva capire abbastanza bene, per l'occorrenza.

Ben presto insegnò ad un paio di ragazze come stendere la pasta per le pizze e questa fu un'altra scelta azzeccata perché potè dedicarsi direttamente alla gestione manageriale dei due locali.

Il suo nuovo nome cominciò ad essere Mr. D, come Mr. V di Gerry e Mr. P di quel Franco, amico della Wiggins!

E sì, proprio quel Franco! Su di questo, Gerry aveva avuto ragione!

Il caro Frank entrò ben presto in gelosia verso di loro ed era facile che ciò avvenisse: lui, che si fotteva la moglie del boss, non rientrava mai nei discorsi, negli incontri di lavoro, sempre "Tony qua" "Gerry là" e così via. Chi cazzo credevano di essere?!

Non tanto Gerry, che lo aveva prelevato dalla guida degli autobus ma quel giovane, che non sapeva, nemmeno, parlare inglese.

Da qui alla rottura, delle relazioni tra loro e i due boss non passò tanto tempo.

Il buon Frank, nel caldo delle lenzuola, era riuscito a convincere la "Signora"che, quei due, per il fatto che andavano troppo d'accordo, non la contavano giusta. Secondo lui, i conteggi del ricavato di pizze da un sacco di farina non erano giusti perciò, se ne sarebbe informato dalla panetteria italiana e avrebbe dimostrato quali fossero le reali quantità .

Quei due mantenevano troppi segreti, un motivo ci doveva essere. Convinse la brava"signora" ad indire un consiglio di direzione. Da lì, ad un loro licenziamento, il passo fu breve!

Mr Robertson, si trovò in minoranza, contro i due Wiggins così dovette prendere una decisione: avrebbero trovato un nuovo direttore generale, al posto di Gerry. Per Tony non vi erano problemi, ormai c'era un gruppo di persone, formate da lui, che potevano portare avanti il lavoro. Bastava dare a quei due, la settimana di preavviso e arrivederci, per loro il gioco sarebbe finito.

E così fu: dalla mattina alla sera si ritrovarono entrambi senza lavoro. Bel servizio!

Totonno non se ne poteva dar pace!

Ne aveva pensate tante: sapeva dove quel cane di Frank abitava, bastava appostarlo, di sera e piantargli un paio di botte alle gambe, dopotutto era riuscito ad entrare in possesso di una Luger 9 mm. Oppure avrebbe potuto informare, Mr Wiggins, della tresca della cara moglie, con quel balordo: ma gli avrebbero creduto?

Gerry riuscì a dissuaderlo, da quelle decisioni: forse lui, aveva trovato in Big Beni, un omaccione di origini italiane, suo amico di infanzia, il finanziatore per l'apertura di un locale tutto loro anzi, per di più, aveva saputo dell'apertura, a Glasgow di una fabbrica di pizze basata sulla fornitura, di prodotti precotti, agli svariati Fish & chips sparsi nella regione e questo gli aveva fatto balenare l'idea di aprirne una uguale, ad Edinburgo. C'era spazio per tutti, perché non provare?

Frank, nel frattempo, aveva incominciato ad evitare di frequentare la bisca comune, ormai sembrava essersi ritirato dalla vita notturna: quel cazzo di Totonno, forse non sapeva parlare l'inglese però sapeva farsi capire meglio usando le mani, se non qualche altra cosa.

Per qualche tempo, era meglio starsene a casa. A quel giovanotto puzzavano i baffi!

Se ne era reso conto una sera, al Wimpey Bar, da lui gestito.

Quella volta, due balordi, appartenenti ad una piccola banda del West End, l'avevano fatta grossa.

Lui si era trovato solo nel locale e, questi, approfittando dell'occasione, al momento di pagare il conto, minacciandolo con un coltello, avevano fatto piazza pulita della cassa.

Non poté reagire, rimase terrorizzato seduto sul suo sgabello: un attimo e quelli erano già fuggiti, mescolandosi tra la tanta gente della Princes Street.

Bastò una telefonata e Glen, Totonno e Big Peter, in pochi minuti erano già nel locale.

Poche domande: quanti erano e come erano poi intervenne David, il friggitore, dicendo di averli riconosciuti, quali i fratelli Ross, del West End, balordi, ma non tanto!

Big Peter li conosceva, sapeva quale pub frequentassero, nella Rose street.

" Non preoccuparti - dissero a Frank - male che va non si potranno recuperare i soldi, per il resto saranno cazzi loro: passeranno belle giornate in ospedale ! "

La sera dopo, era di sabato, quando i tre si recarono al Flannaghan's, un discoclub in Rose Street e chiacchierando con George, il direttore, vennero a sapere che i fratelli Ross si trovavano nel locale.

" Cercate di non far casino nel locale. Aspettate che ve li faccio sbattere fuori dai miei ragazzi e poi fatene ciò che volete, ok ? " si raccomandò George.

" Ok! - stabilì Big Peter - ma muoviti, non vogliamo perdere tempo."

Il locale era situato in un angolo di una traversa della Rose Street, da qui, oltre la luce del neon, non vi era niente altro che buio pesto.

Dopo un po', i due fratelli, furono accompagnati fuori dal locale.

A niente erano servite le loro proteste, anzi fu detto loro di non farsi più vedere, perché non erano ben accetti.

Il tempo di riprendersi dall'accaduto e subito si ritrovarono, strattonati, per terra, sotto i calci e pugni sferrati loro, senza esclusione di colpi.

Sbattuti in macchina, furono portati poi davanti al Wimpey, dove furono scaricati come due sacchi di patate e giù ancora botte.

Dalla vetrina del locale, Frank poté gustarsi lo spettacolo di quei due ridotti uno straccio.

Al più grande dei due Totonno aveva piantato una testata in faccia, rompendogli il setto nasale e facendone fuoriuscire tanto di quel sangue, da sembrare uno zampillo di fontana.

Nessuno si azzardò ad intervenire.

Soltanto la polizia quando loro erano già spariti.

Quel fottuto sapeva che Totonno non scherzava e nemmeno i suoi amici perciò, per un po' di tempo, sarebbe stato meglio rimanere in guardia: si fece persino assegnare il turno giornaliero per evitare qualsiasi rottura di palle: la notte era pericolosa, non si sa mai.

Non era passato nemmeno un mese, quando, una sera, qualcuno bussò a casa di Totonno.

Era Nicky, il nipote di Frank, anch'egli un ex-autista di autobus, assunto come gestore nel Wimpey, di Nicholson Street.

" Buona sera, Totò. Mi manda Mr. V - disse appena la porta gli fu aperta - ti manda a dire che domani mattina ti aspetta su al Caffè Joe. "

" Vieni dentro - gli disse lui, volgendogli le spalle - entra pure, fuori fa freddo." Ma questi, niente. Era rimasto fermo sulla porta

" Ma che fai, non entri ? "- riprese voltandosi, al che quello, indicandogli la schiena, fece sì che si rendesse conto di aver dimenticato la pistola infilata nella cinta.

" Ecco perché ! - riprese Totonno - è per questo che non volevi entrare? Non preoccuparti, questa non è per te. Comunque, vuoi entrare o no ? "

Al che l'altro, riassicurato, lo seguì nel salotto.

" A che, questa visita ? "

" Totò, io sono ambasciatore. Io non c'entro niente con mio zio. Io ti ho portato l'ambasciata di Gerry, non voglio che tra di noi ci siano problemi. Domani mattina ti aspetta al Caffè Joe. Ci sono buone notizie. Questo mi ha detto e questo ti dico ! "

E fece per andar via .

" Aspetta un po', ti faccio fare un caffè ! "

" Grazie lo stesso, non ti scomodare. Ci vediamo domani. Buona sera, signora - disse rivolgendosi a Mary - Buona sera Totò ! " e se ne uscì più tranquillo di quando era entrato.

La mattina dopo ci fu l' incontro con Gerry che lo accolse, come al solito, con una manata sulla spalla, sorridendo.

Si rese conto che, effettivamente, potevano esserci buone notizie.

" Che succede? "- gli chiese

" Che vuoi che sia ? - fu la risposta maliziosa - I cavalli buoni si vedono alla distanza! - Gerry, dal modo di parlare, assaporava la vendetta - Noi almeno ci accontentavamo del poco ma – continuò - quegli altri, invece, hanno bruciato i tempi, hanno fatto piazza pulita ! "

" E allora ? "

" Allora, adesso, i boss vogliono parlare con noi, nel caso volessimo riprendere il nostro lavoro. Tu che ne dici ? "

" Che vuoi che dica, io faccio quello che tu ritieni più opportuno ! "

" Sapevo che potevo contare su di te! Ok, andiamo a sentire le loro proposte e senza problemi, prenderemo le nostre decisioni davanti a loro. Noi non abbiamo niente da nascondere, o no ? "

" Mi sta bene …. e cosa si fa a proposito di quel fottuto di Frank ? "

" Lo decideremo al momento. Sentiamo prima, loro cosa hanno da dirci. "

" Ok. Possiamo andare! "

Nell'ufficio non spirava aria buona, come nei bei tempi.

Si sentiva nell'aria un po'di tensione ma dall'accoglienza, tutto sembrava proiettato verso una soluzione accomodante.

" Dovete scusarci per quanto successo! - iniziò Robertson - l'importante è aver imparato qualcosa dall'errore fatto - rivolgendosi verso Mr.Wiggins, il quale annuiva a quanto si andava dicendo - noi abbiamo deciso di riassumervi accettando qualsiasi vostra richiesta. "

Per un attimo, gli altri due si guardarono in faccia e " Noi sapevamo che si sarebbe giunti a questo punto - continuò Gerry - e, adesso vi dimostreremo che gente siamo. Non vi facciamo alcuna richiesta eccessiva. L'unica cosa che vogliamo, sono le teste dei nuovi assunti, senza distinzione alcuna."

" Io, se non vi dispiace, preferirei comunicarlo loro, personalmente ! "- lo interruppe Totonno.

" E' una buona idea - riprese l'altro - dopotutto, col vostro consenso, vi libereremo da un imbarazzo, non vi pare ? "

I due boss, per un attimo, si scambiarono uno sguardo e poi accettarono quella decisione.

" Consegneremo a voi le lettere di licenziamento in tronco, poi potete fare ciò che volete ! " riprese Robertson.

" Sta di fatto che noi rientreremo in forza da oggi stesso, ok? " fu l'ultima richiesta di Totonno - E che ne sarà di Mr. P ? "

" E' tutto ok, gli abbiamo già parlato noi. Lui continuerà il suo lavoro, giù a Frederick Street e soltanto lì. Tu, Gerry, riprenderai in mano le redini dei Wimpey Bars e tu, Tony, risponderai direttamente a noi per qualsiasi decisione. Vi sta bene così ? "

Accettarono a malincuore, d'altra parte Mr. Wiggins non poteva rompere un matrimonio per quel fottuto di Frank e loro si resero conto della situazione imbarazzante. L'importante era che quel fottuto avesse saputo che non poteva rompere più i coglioni!

Tutto riprese come prima.

L'idea di una nuova avventura con Big Beni, per quel momento, fu messa da parte: l'idea era buona, ci sarebbe stato tempo per decidere definitivamente, più in là.

Totonno!

Il nome di quel giovane, pieno di successo, cominciava a circolare, più frequentemente, tra gli Italiani. Più di qualcuno cominciò a frequentarlo per farselo amico. D'altra parte lui aveva già sistemato alcune situazioni: quei ragazzi scozzesi erano in gamba e sapevano, all'occorrenza, usare le mani. A loro si era aggiunto un nuovo gruppo di giovani. Erano di sangue misto scozzese-giamaicano, erano tre fratelli, agili come gatti! In giro venivano chiamati i Twist, gli svitati ma, in effetti, erano in gamba e ci si poteva fidare.

Lui, lo sapeva bene. Ricordava sempre quella notte in cui, Liz, il più grande dei tre, andò ad offrirgli della refurtiva che avevano prelevato da una scuola fuori città.

" Basta venire con una macchina - fu la richiesta - ci sono un paio di televisori, alcuni condizionatori d'aria, dei video- registratori ed altre cose, li abbiamo nascosti in campagna.

Sarà una cosa veloce: carichi il tutto e quando l'avrai piazzati, ci darai la nostra parte. Lo sai che tra di noi non esistono problemi. "

" OK. Verso mezzanotte sarò là, vicino il vecchio castello di Craigmiller, vicino la vecchia fontana, va bene ? "

" Ci sta bene, però, non tardare ! " si raccomandò Twist.
Lui arrivò in tempo, si era fatto accompagnare da Fat
Sam, un tassista sempre in cerca di un extra guadagni.
Il posto si trovava in aperta campagna, su una strada
stretta e lunga che, passando sotto i ruderi del castello,
univa due quartieri di periferia.
Avevano appena finito di caricare quando il tassista
cominciò a sbraitare. " La polizia, la polizia! Getta tutto
fuori e fuggiamo ! "
In effetti, da lontano, si vedeva il lampeggiare di una
macchina della polizia: cazzo, quello sì che aveva buon
occhio!
" Voi fuggite per i campi, - ordinò Totonno ai Twist - e
tu - rivolto al tassista - parti velocemente mentre io
comincio a buttare tutto dal finestrino, vai ! "
In effetti, Totonno, buttò fuori alcuni pezzi ma non
tutto.
" Vai dritto, verso casa mia. Non preoccuparti, li
abbiamo seminati. " continuò, rassicurando Fat Sam.
Appena arrivarono sotto casa " Dai, dammi una mano –
ordinò al tassista - portiamo tutto su da me. "
Che cazzo, non aveva gettato quasi niente!
Malvolentieri quello accettò. Lo aiutò a nascondere il
tutto e dopo aver ricevuto £5, se ne andò non senza
avergli rinfacciato il pericolo che avevano corso.
L'indomani, Liz andò a trovarlo al ristorante. Le notizie
non erano buone: Brian, suo fratello minore, era stato
preso, mentre si era fermato a pisciare. La polizia lo
aveva trovato vicino a quel paio di pezzi gettati dal
finestrino del taxi e lui ben noto alla legge come
ladruncolo, si trovava proprio nei pressi. Era stato perciò
fermato.

Totonno prese un centinaio di punti dalla cassa " Ecco prendi questi - disse a Liz - dalli a tua madre, che gli comprasse qualcosa da parte mia e speriamo che vada tutto bene."

" Grazie! Non preoccuparti - gli rispose l'altro - mio fratello sa tenere la bocca chiusa e poi c'è abituato. Lo rivedremo presto, vedrai ! "

Infatti, dopo una settimana, Brian venne rilasciato su ordine dello sceriffo, condannato a pagare, per due mesi, una multa di £1 a settimana: soltanto questo poteva permettersi di detrarre dall'assegno settimanale che gli veniva dalla Social Security, l'ente statale che provvedeva a sostenere i disoccupati e nullafacenti.

Quella sera andarono tutti a festeggiare al Top O, un nuovissimo locale aperto dal suo paesano Mister, il vecchio datore di lavoro. Era un locale al top delle novità. I clienti venivano accompagnati ai tavoli da hostess bellissime ed eleganti; su ogni tavolo c'era un telefono col quale chiamare il bar e ordinare da bere; le musiche erano assordanti e nei weekend si esibivano gruppi dal vivo.

Vennero subito notati dal Mister, anche per il loro modo di vestire piuttosto pacchiano.

A Totonno piacevano i gessati a doppio petto e le cravatte multicolori, ai Twist piacevano invece i vestiti ad un petto e le camicie con il colletto grande, portato senza cravatta aperto sulla giacca e scarpe con la suola rialzata, lucide, coperte dai lunghi pantaloni, con larghi risvolti. Si sentivano smart, eleganti e non tutti potevano permettersi quegli abiti. Era il loro look, il loro modo di apparire.

Il Mister si avvicinò e dopo aver loro offerto da bere, chiese a Totonno di seguirlo; avrebbe voluto chiedergli qualcosa.

" E bravo! So che te la passi bene. " prese a dirgli, una volta in ufficio.

Lui sentiva sempre un rancore verso quell'uomo, spavaldo e arrogante.

" E sì, non vi piace ? "gli rispose deciso.

" Ma che dici, mi fa molto piacere, lo sai che io ti ho sempre tenuto di conto. Molti mi hanno chiesto di te ed io ho sempre fornito ottime referenze su di te. "

" A me non serve nessuna raccomandazione, specie da voi. - gli rispose secco - Piuttosto ditemi che volete."
Non lo sopportava!

" Ma che vuoi che ti dica, io voglio soltanto avere un buon rapporto con te, lo sai che ci tengo a te. So che i tuoi ragazzi sono in gamba: perché non dici loro di venire qui, nel weekend saranno miei ospiti per qualsiasi cosa. Potranno mescolarsi con i clienti e tener d'occhio all'evenienza, chiunque possa creare problemi. Senza far casino, possono buttarli fuori, elegantemente. A te ci penso io, dimmi quanto vuoi e ti sarà dato ! "

Proprio buffa la vita: quello sbruffone adesso aveva bisogno di lui. Solo questo, sembrava ripagarlo del male subito e quei punti sembravano ancora più di valore, pagati da quello lì.

Fu allora, che Totonno si rese conto che esistevano altri modi per arrotondare le entrate.

Un po' qua, un po' là, il giro cominciò ad allargarsi.

Anche i Fish and chips, specie quelli che si trovavano nei quartieri più malfamati e che per questo rendevano di più, avevano bisogno di qualcuno che soprattutto a ridosso dell'ora di chiusura, potesse proteggerli da qualche tentativo di furto.

In quei luoghi, dove i taxi non si azzardavano ad andare dopo le otto di sera e dove perfino la polizia evitava di passare nelle ore notturne, tutto era possibile.

Un quartiere in particolare, Murhouse, era diventato, dopo una folle decisione del consiglio comunale, un inferno.

La bella idea delle autorità locali, fu quella di usare, come dormitorio per un' accozzaglia di drogati, spostati e delinquenti, un intero palazzo alto venti piani.

Forse pensarono che mettendoli tutti insieme in quella specie di casermone, avrebbero potuto evitare che si mischiassero con la gente comune e che la polizia avrebbe potuto tenerli meglio sotto controllo.

Invece, solo quando cominciarono i primi suicidi di persone che si gettavano giù dalla grande terrazza, si resero conto che dell'errore. Nel chiuso del grande palazzo, comunemente conosciuto come "La torre dei pazzi", si era creato il più grande centro di smistamento dei più svariati tipi di droga. All'interno della torre, ci si era organizzati, dividendosi i piani a secondo del tipo di droga consumato. Era un vero inferno.

Un giorno, trovandosi nel suo ufficio del Conal, a fare la solita pennichella, Totonno fu svegliato da Lori, il cuoco.

" Totò, vieni a vedere chi è entrato nel locale. " disse affacciandosi furtivamente senza farsi notare,

" Vedi quei due signori? Uno è Jimmy Scappa, sì proprio quello col fazzoletto rosso intorno al collo e col sigaro in bocca. "

Di quell'uomo, aveva sentito parlare anche dal paesano Mister. Era un tipo non troppo alto, sempre con gli occhiali da sole ed era solito andare in giro nella sua Rolls, con targa privata "JS 1", emulo di alcuni personaggi di oltre oceano.

La sua specialità era il mettere su locali, di solito piccoli ristoranti, che dopo qualche tempo,per disgrazia, andavano a fuoco e l'assicurazione pagava.

Nonostante la solita lentezza marpiona e quell'italiano bruccolino, nel momento in cui fu invitato a sedersi con loro, gli apparve subito differente dal personaggio descrittogli, da chi diceva di conoscerlo.

Le solite formalità di presentazione e l'uomo andò subito al sodo.

" Ho sentito parlare, molto bene di te. Questo è il mio avvocato, non capisce l'italiano, poi gli spiegherò di che stiamo parlando - iniziò Jimmy - anche il tuo compaesano Mister mi ha consigliato di rivolgermi a te."

" Potete spiegarmi di cosa si tratta ? "

" E' semplice - riprese l'ospite - noi abbiamo intenzione di aprire, nel centro della città, un grande locale, di questo stesso tipo ma abbiamo bisogno di qualcuno come te e della tua esperienza. Devi soltanto dirmi qual è il tuo costo e con l'avvocato possiamo mettere nero su bianco. Dopotutto è meglio stare con gli italiani che con degli stranieri o no? " sentenziò sarcasticamente, con una risatina da paraculo.

" Può anche essere come dite voi - fu la sua risposta di Totonno - però dovete sapere che quello straniero, come lo chiamate voi, senza alcuna pretesa, mi ha dato un'opportunità che, credo, a quel tempo, voi non avreste nemmeno presa in considerazione. Perciò, con tutto il rispetto, la vostra proposta non posso accettarla: se così fosse mi sentirei un traditore verso il mio datore di lavoro, non vi pare? Se permettete, vi offro volentieri ciò che prendete, adesso ho del lavoro da svolgere. - e lasciando il tavolo, li salutò - Quando volete, sarete miei ospiti per una ottima pizza napoletana. Arrivederci! "

Mentre si allontanava, sentì Jimmy rivolgersi all'avvocato " Vedi quel giovane, è uno dei pochi italiani buoni che ho conosciuto. Ne terrò conto. "

Sarebbero dovuti passare una ventina di anni, prima di rincontrarlo: sarebbero diventati ottimi amici.

A volte gli veniva da chiedersi chissà cosa avrebbe pensato di lui il vecchio amico Dante Lanni che aveva un piccolo coffee shop sulla Nicholson Street, dove per entrare si doveva salire alcuni scalini, dal livello del marciapiede.

Era un posticino era specializzato in gustose colazioni ed i suoi panini, ripieni di uova fritte o bacon, avevano un gusto differente dagli altri. E poi c'era il jukebox con alcuni vecchi dischi di canzoni napoletane. Una, in particolare, era la preferita di quel giovane Totonno, "Peppino o' suricillo".

Dante lo prese quasi subito, a benvolere. Gli fece conoscere i primi ladruncoli coi quali avrebbe potuto fare piccoli affari, sempre utili. Fu lui ad insegnargli che al mattino si usciva con qualcosa nella tasca sinistra e a sera si doveva rientrare con la tasca destra piena. Allora sì, che potevi dire di aver avuto una buona giornata!

Però, doveva stare attento a non fare la fine del topolino della sua canzone preferita, finendo in una trappola tesagli dal padrone di casa. In poche parole ci si doveva sempre accontentare, non si doveva essere ingordi!

Il povero Dante, purtroppo, era passato ad altra vita, per un tumore maligno.

Totonno lo ricordava sempre come un buon pacioccone, alto e grasso: non avrebbe mai fatto del male, nemmeno ad una mosca.

Un'altra persona, un certo Primo Bosio, gli era rimasta ancora più impressa.

Era un cliente del Caffè Joe e spesso si sedevano insieme a sorseggiare Totonno un caffè e l'anziano una tazza di tè.

A vederlo, Bosio sembrava un poveraccio con addosso sempre gli stessi vestiti. A Totonno faceva pena, così continuava ad offrirgli quella tazza di tè.

Fu Gerry, un giorno, a notare l'andazzo e dopo aver chiesto a Totonno se quell'uomo avesse pagato, alla sua risposta negativa, " Ma non sai chi e' quello lì? Quello e' il più ricco italiano in Scozia. Possiede più roba lui che la regina. E' proprietario di quasi tutta la High Street. L'unico che è riuscito a fregarlo è stato il tuo paesano Mister. E tu non lo fai pagare ? "

" Ok, ho capito ! " – acconsentì, sorpreso di quanto aveva sentito, il giovane.

Ma guarda un po'!

Il giorno dopo il "pover' uomo" tornò e, con sorpresa, quella volta, portò anche la moglie.

Si sedettero al solito tavolo e ordinarono la solita tazza di tè: " Vedi - disse alla moglie - se avessimo avuto una figlia femmina, l'avrei fatta sposare a questo bravo ragazzo, che ne dici ? "

La donna annuì, senza dire una parola.

Al che, Totonno, rivolto all'uomo " Anche per oggi sarai mio ospite ma solo per oggi. - disse un po' seccato - io pensavo che eri un povero uomo, hai approfittato della mia bontà. Potevi anche dirmi chi eri, me ne sarei fregato dei tuoi soldi. Invece ti sei dimostrato un accattone ed io, senza i tuoi soldi, mi sono dimostrato un signore. "

Si alzò e, dopo aver salutato la signora, lasciò il tavolo. Da quel giorno non lo vide più. A dire il vero, la presenza di quel vecchio gli mancava.

Un giorno, passando sulla High Street, notò un negozio, un antiquariato specializzato in gioielli antichi e adocchiati alcuni oggetti in vetrina, entrò per fare un regalo di compleanno alla cara Mary.

Trattò un bell'anello con un'acqua marina incastonata. Gli sembrò la misura giusta e, mentre stava per pagare, si ritrovò davanti quel vecchio, Primo.

" Prendilo come un mio regalo – disse questi, porgendogli il pacchetto - grazie per le parole che mi hai detto quel giorno. Però, ricordati, ero sincero, quando ho detto che se avessi avuto una figlia, te l'avrei data in sposa. "

Non sapeva che dire, era rimasto ammutolito. Ma che cazzo, era soltanto una tazza di tè! Un niente. Lui si era comportato in quel modo, in buona fede, ma che cazzo! Comunque, la vita continuava.

Anche il vecchio passò ad altra vita e Totonno spesso andava a trovare la vedova che portava avanti il negozio col figlio, che aveva dovuto lasciare la scuola per poter gestire gli affari di famiglia.

Quante volte passando per quella strada, chiudendo un attimo gli occhi, gli sembrava di udire le voci rumorose degli italiani che abitavano, nei vecchi tempi, la parte più antica della città.

Poteva immaginare i vicoli strettissimi, appena lo spazio per una persona, in discesa, con i panni stesi ad asciugare come fossero giù al paese; quasi percepiva il rumore delle ruote del carrettino da gelato, trascinato sulle pietre di lava, con moto continuo al pari di una cantilena e l'odore della cucina paesana che fuoriusciva, prepotentemente, dai muri delle case, distendendosi fra quei piccoli spazi. Chissà come si viveva in quei tempi con tanti italiani emigrati in Scozia dalla Garfagnana, dalle montagne della provincia di Lucca che vivevano certo come gli sheepshaggers suoi paesani.

Intanto i giorni passavano veloci, sempre con la solita monotona routine. Solo giravano più soldi. I locali lavoravano a tempo pieno. Le nottate erano sempre le stesse: tra un piatto di poker ed un giro di kalooki.

A casa, l'ambiente era diventato sempre più incandescente: Mary era convinta che lui avesse qualche relazione extramatrimoniale e le litigate erano più frequenti.

Se, da un lato, tutto sembrava proseguire positivamente, dall'altro, si andava verso la rottura. Poi, un'ignota mano mise fine a tutto!

Una bella mattina, furono tutti convocati, Mr. P compreso, all'ufficio centrale e si ritrovarono di fronte ad un' altra sconcertante sorpresa: i bravi boss avevano venduto tutte le attività ad una delle più grandi compagnie gastronomiche del paese.

Di nuovo, si trovarono col culo per terra!

Non ci si poteva fidare di nessuno. Il mondo sembrò cadere addosso a Totonno. Che avrebbe fatto?

" Andiamo giù al paese, in Italia. - comunicò alla moglie - Potrai conoscere la mia famiglia e loro potranno vedere nostra figlia. Ci riposiamo un po'. Poi ce ne ritorniamo su e ricominciamo daccapo. Lo sai che le amicizie non mi mancano e c'è sempre quell'idea di Gerry di metterci per conto nostro."

A malincuore, Mary accettò la decisione del marito ma lo fece anche per allontanarlo da quell'ambiente, per lei, corrotto.

Misero insieme le loro cose e di mattina presto partirono in macchina per l'Italia. Era la prima volta che Totonno lasciava la Scozia dopo tanto tempo trascorso lassù. Traghettarono verso Belfast. Aveva sempre desiderato visitare l'Irlanda e mostrare alla moglie la terra dei suoi avi.

Durante il lungo viaggio però non poteva far altro che pensare a ciò che stava lasciando. Di sicuro, niente sarebbe andato perduto. Un domani, gli amici lo avrebbero accolto benevolmente. Aveva pochissimi nemici e, di sicuro, sapeva come guardarsene. Sicuramente sarebbe ritornato.

Gli sheepshaggers, invece, sarebbero rimasti lì, ad intrecciarsi ancora ed impunemente, in matrimoni consanguinei e ogni giorno ad accumulare immense somme di punti, alla faccia di chi continuava a chiamarli "greasy Italian bastards".

*Grazie a Mary Ryan compagna di vita
che mi ha sopportato per tutti questi anni
grazie a mia figlia Cristina che continua a farlo
e un ringrazione alla professoressa Maria Scerrato
per gli ultimi ritocchi da brava "pittrice"*

Printed in Great Britain
by Amazon.co.uk, Ltd.,
Marston Gate.